国家出版基金项目
NATIONAL PUBLICATION FOUNDATION

"十二五"国家重点出版物出版规划项目

走向世界丛书

主编　钟叔河　曾德明　杨云辉

FROM EAST TO WEST

载振　英轺日记

吴仰湘　校点

岳麓书社·长沙

本册总目□

□

载振英轺日记

丛书新序□

锺叔河

二〇一三年十月

“走向世界丛书”一百种，只收晚清时期 from east to west（从东方到西方）的记述，这并不等于说，只有十九世纪末二十世纪初的中国人，才需要面对走向世界的问题。

纵观人类历史，走向世界决不是什么地区性和阶段性的活动，而是不断出现在全人类发展进步过程中并与之同步的历史现象。一百万年前，人类开始从非洲进入亚洲和欧洲，一万年前，又从亚洲进入北美洲和大洋洲，就是在不断地走向世界。

从有史以来的文献、文物看，三千多年前的

《奥德赛》和《出埃及记》，说的是古希腊人和以色列人走向世界——走向地中海和巴勒斯坦。两千多年前的《史记》和《汉书》，写了张骞和后来汉朝“益发使”走向世界——曾走到罗马在西亚的边陲。一千三百年前的《大秦景教流行中国碑》、七百年前的《马可·波罗游记》和四百年前的《利玛窦中国札记》，记下了阿罗本、马可·波罗、利玛窦的 from west to east，这和 from east to west 一样，都是在走向世界。

人类曾因地理、种族、制度、意识形态等原因而互相分离，甚至隔绝。夜郎国的君长初见汉使时问：“汉孰与我大?”当是时，夜郎的世界僻处黔西，其“大”可知；连夜郎都未入版图，则汉之“大”亦远不如今之中国。但人为万物之灵，为了求生存谋发展，总不能老守着自己的一亩三分地，总会要想方设法走向世界——走向更广阔的外部世界。于是，汉要“通西南夷”，要前往原来“道险终不能有”的夜郎；夜郎要问“汉孰与我大”，要想改变原来“不知汉广大”的状况。由互相隔绝变而互相接近，互求了解，这就是走向世界。

走向世界，无论是自己走出去还是让别人走

进来（总比让别人杀进来好），无论是主动的还是被动的，从总的历史进程看，用大的历史眼光看，都有利于发展，都是一种进步。对汉朝来说是如此，对夜郎来说亦是如此。两千年前是如此，两千年后亦是如此。上世纪七十年代末开始编辑出版“走向世界丛书”时是如此，如今来继续编辑出版这部丛书时亦是如此。

今天的中国已不再是七十年代的中国，虽然仍称发展中国家，经济总量却早已“超英”，正在“赶美”，但走向世界的路还“漫漫其修远”。时至现代，走向世界当然是要走向现代化的世界，也就是要高度现代化，全盘现代化。“四个现代化”的“四个”——工业、农业、科技和国防，已经“化”出了很大的成绩，而我们的管理现代化，我们的服务现代化，我们的制度现代化……要走的路的确还很长。

现代人走向世界，首先要使自己成为能接受全球文明，有世界知识，有世界眼光，有世界理想的人。“走向世界丛书”杰出的作者，如郭嵩焘、黄遵宪……又如邹代钧、金绍城……他们看到的新技术还是德律风（送话器和最早的手摇电话机）、火轮车（蒸汽机车）……我们如今却已经用上了智能手机、坐上了波音飞机……但在思想层面上，我（不敢称我们）反省自己的世界眼光和世界理想，甚至在世界知识的某些方面，比起一个多世纪以前的郭、黄他们来，差距实在还不小。在这方面，也就是人的现代化这方面，要走的路就更“漫漫其修远”了。

五年前北京奥运会的成功举世公认，它已经成为中国走向世界的一大标志。它的口号：

ONE WORLD，ONE DREAM

“同一个世界，同一个梦想”，这也应该是现代人走向世界的志向和目的，是我们继续编辑出版“走向世界丛书”的志向和目的。

丛书原序□

钟叔河

一九八〇年七月

人们常说，今日之世界，乃是一个“迅速缩小的世界”（rapidly shrinking world）。在电视卫星、激光通信和喷气式客机的时代，地球之上各地之间的距离，确实好像越来越短，人们相互间的接触和交流，也越来越方便和密切了。

可是，仅仅在几代人以前，异国还显得那样的离奇和遥远。古代欧洲人说，中国人用小米和青芦喂一种类似蜘蛛的昆虫，喂到第五年虫肚子胀裂开，就从里面取出丝来（Pausanias《希腊纪事》）。古代中国人则曾经相信，西方有种羊羔是从泥土里生长出来的，脐带还连着大地（《旧唐书·西戎传》、《渊鉴类函·边塞部九》)。这类海外奇谈，今天听起来简直不可思议，而在过去上千年中，却一直被当作可信的资料，记载在欧洲和中国的史书上。由此可见，人类文明的发展，经历了一条何等漫长曲折的道路。

为了探索和开辟外部世界，丰富自己的物质和精神生活，各国人民都作过许多贡献。人类文明史像叙说伟大的发明家和著作家一样，将永远铭记着张骞、玄奘、马可·波罗、哥伦布等不朽的名字。我们甚至可以这样说：一个民族从中世纪到现代的历史，也就是它打开眼界和走向世界的历史。

历史的发展从来是不平衡的。当黄河、长江已经哺育出精美辉煌的古代文化时，泰晤士、莱茵和密西西比河上的居民，还在阴暗的原始森林里徘徊。而自从地理大发现和产业革命以来，中国却相对地落后了。在西方实现资本主义的现代化以后，中国还是一个基本上同外界隔绝的古老国家。是鸦片战争打开了中国的大门，也打开了中国人的眼睛。人们称林则徐和魏源为清代最早“开眼看世界”的人，因为西方的坚船利炮打到中国来时，他们首当其冲，亲身感到这个世界在缩小，距离和壁垒再也不能将异国隔离开了。

过去时代的中国读书人，在“严夷夏之大防”的社会里度过了上千年。封闭的外壳被打破后怎么办？守旧派的办法是把脑袋钻进沙子里学鸵鸟，像慈禧太后的大学士徐桐，见到洋人就以扇遮面。就是这个徐桐，在庚子年间焚香叩请骊山老母下凡来“杀尽洋人”，结果骊山老母没有下凡，他自己的老命却白白送掉了。而林则徐和魏源则不同，提出要“师夷长技以制夷”，主张学习外国的长处，以对付外国的侵略。要学习，先得了解，于是林则徐编了《四洲志》，魏源编了《海国图志》。虽然他们未能亲身出国去考察，书的材料靠间接采辑而来，难免有许多谬误，但无论如何，地里长羊羔之类的神话毕竟不得不逐步让位给常识了。

林、魏之后，中国才开始有读书人走出国门，到欧美日本去学习、访问和工作。容闳、王韬、郭嵩焘、黄遵宪和严复等人，要算是最早的。接着出国的人渐渐多了起来，尽管其中不少是奉派而去的政府官员，但既然去了，就不会不接触近代—现代的科学文化和政治思想，也就不可能不在中国发生影响。

“走向世界丛书”专收一九一一年前国人亲历欧美和日本的记述。自从一八四〇年鸦片战争失败那时起，先进的中国人，经过千辛万苦，向西方国家寻找真理。应该说康有为和在他之前的郭嵩焘、王韬、容闳等人，的确代表了近代中国向西方寻找真理的一派人物。当然，丛书所收的，也并不全属先进的人物的作品；但总而言之这些都是中国人从东方走向西方的实录，自有其文化的意义和历史的价值。

必须指出的是：从鸦片战争到五四运动这一历史时期中，西方国家虽在许多方面比中国先进，值得中国人学习，但国家利己主义的本质，却总是要压迫剥削比他们落后的民族的。中国人走向世界、接触西方，既有一个学习外国长处的问题，又有一个抵抗外国侵略的问题，盲目排外和盲目崇外都是错误的。对于某些作品中不免流露的这类观点，我们将在为各书撰写的叙论中，适当地作些分析，供读者参考。

“洋为中用”是我们今天的主张，也是十九世纪先进的中国人的主张。“师夷长技以制夷”，不就是“洋为中用”吗？当然，随着接触和认识的逐步深入，人们慢慢地看出：仅仅学一点“长技”，搞一点坚船利炮，还是不行的；要救国，只有维新，维新行不通，就只有革命。伟大的革命先行者孙中山，用他自己的话来说，也是在一八七八年出国以后，“始见轮舟之奇、沧海之阔，自是有慕西学之心，穷天地之想”，才树立了推翻清朝建立民国的大志和信心。历史无情亦有情，后人的思想和事业肯定要超越前人，但前人的足迹总可以留作后人借鉴，先行者总是值得纪念的。

今天的世界已不是十九世纪的世界，今天的中国更不是清朝末年的中国。今日之中国，已经逐渐以现代的面貌，出现在世界的东方。但是，世界的进步越来越快，中国的经济和文化等许多方面还需要不断地发展和提高；这就必需继续打开眼界、走向世界。打开眼界以后，还要学会分析，分清好的和坏的。一切好的东西，要拿来为我所用；一切有害的东西，要实行抵制和预防。在这方面，前人的经验和教训，有一些也仍然值得我们注意。

谨将这套丛书奉献给爱好历史和文化、关心中国和世界的读者，希望它能在中国现代化的过程中，起到一点微薄的作用，是为序。

丛书凡例

一、"走向世界丛书"一九八六年前已刊三十五种，二〇一五年起仍按原定一百种的计划继续刊行，仍然专收现代以前用文言写作的国人考察西方（含开国后的日本）的记述，仍以亲身经历、直接闻见者为限。

二、丛书按作者出国年月排列次序，尽量单行，即以一种为一册；字数过少无法单行者，才以两种或数种合订成册。合订本尽可能以类相从，按第一种出国年月排序；其各种均在封面列出书名，书脊则只列出第一种书名，并在其下注明"等几种"。

三、每种（册）书前，均由编校者撰写导言（叙论），介绍作者有关背景和书中重要内容，酌加评论分析，以供读者参考。

四、丛书均经编校者校订，标点分段，并加边批。边批的内容主要包括三个方面，兹以《随使德国记》为例，举示如下：

1. 标题、提要和说明，如“星使由苏州来”、“普鲁士分一十二省”、“演八十日环游地球的故事”、“如夫人即赛金花”、“‘人工’今皆称工人”。

2. 书中较重要的译名（加括弧注出原文或今译），如“德璀琳（Detring）”、“毕驷马（俾斯麦）”、“布莱门（不来梅）”、“德利风（电话）”。

3. 原文的订正和存疑，如“‘公司船’原无船字”、“‘骁勇’原作‘骑勇’”、“‘薛福成’成字原作辰”、“奥京立斯本应是维也纳”。

五、每种书后，均附人名索引，人名依首字笔画和一丨丿丶乚排列，按年、月、日三节数字查检（正文单页码下均有年、月、日三节数字备查)。如德璀琳之“德”字为十五画，于索引“十五画”内检得其名下首列“13，8，17”，查正文“13，8，17”在P.3下，即可在P.3上找到(光绪十三年八月)十七日“乘肩舆往拜税务司德璀琳”的记载。

六、每种书后，一般附有译名简释（今昔译名对照，必要时并加说明)，亦依首字笔画和一丨丿丶乚排列。如“卜兰墩浦 Brandenburg，勃兰登堡”，又如“勺勾腊 chocolate，巧克力”。

七、人名索引和译名简释的条目，并不限于边批中所举者；边批中所举者，则必皆收入索引和简释。

八、人名索引按年、月、日三节数字查检，其原书不著年、月、日者，则按篇章序号或页码查检。

九、原文因排印（抄写）而出现的明显的文字错误径予改正，不在边批中注出。

十、原文中同一外国地名而作者译法多样，如缪祐孙《俄游汇编》中“彼得堡”就有“比得堡”“彼德堡”等异文，“莫斯科”也是如此。此种情形，无碍阅读，故一仍其旧，不作统一。

十一、原文中之统计数字均一仍其旧。少量表格中之统计数字，为方便读者阅读，改为阿拉伯数字。个别已经失去时效、并无参考价值的资料，则在说明情况后予以删去。

十二、丛书均以简体汉字印行；除总序、凡例外，编校者所作导言（叙论）、边批、索引中涉及的数字均按现行规定采用阿拉伯数字。

叙论：一本被漠视的出使日记□

吴仰湘

在晚清众多的出使日记中，以“固山贝子载振”署名的《英轺日记》，不仅内容久被湮没，连著作权也颇具争议。载振身为晚清权臣奕劻之子，一直被视作叨承父荫、窃居高位、不学无术、沉湎酒色的纨绔子弟，声名狼藉，因此，与郭嵩焘《使西纪程》、薛福成《出使四国日记》、曾纪泽《使西日记》等“书以人传”迥然相异，这部《英轺日记》在百馀年间的遭遇，可以说是“书因人累”。

载振（1876—1947）字育周，满洲镶蓝旗人，是乾隆帝的玄孙、庆亲王奕劻的长子。这位出身天潢贵胄的世家子弟，在奕劻的权势庇荫下青云直上。光绪十五年（1889）逢着皇帝大婚，十四岁的载振被赏给头品顶戴，光绪二十年（1894）再遇慈禧太后六十大寿，年方弱冠的载振又晋封二等镇国将军。在庚子变乱中，奕劻受命留在北京，与列强往返交涉，签订条约，得到各国信任，被慈禧委派为外务部总理大臣。因此，当英国邀请中国派员参加1902年夏天爱德华七世的加冕典礼，清廷迅即在1月21日下旨，派载振充当“专使英国头等大臣”，次日又赏加贝子衔，使这位“年轻资浅”的满洲亲贵，在一夕之间地位骤升，其身份已拟同王大臣①。对此，载振自己也坦承：“窃念载振束发诵《诗》，未谙专对，叨承乔荫，得沐殊荣。”② 当时，法国、比利时、美国、日本等想借机向奕劻和清廷示好，纷纷邀请载振前往各国访问，载振自称“迭与各国驻京使臣拜晤往还，诸使雅重邦交，均有请赴各本国游历之意。因拟俟英伦礼成后，自西徂东，由欧达美，由美返亚，庶得考验各国政治、艺术，以为采风之助”③，《绣像小说》则以说书的口气评述：“在京城的时候，这位贝子爷常常跟各国公使来往，这回子各国公使听说他放了出使大臣，人人都想请他到自己国里去逛逛。他全答应了。”④ 由此促成了满洲亲贵一次规模空前的环球游，“经途八万里，为时十七旬。滂滂地圆，随

---

① 《新民丛报》1902年2月23日曾刊发一则“阻止使臣”的短讯：“致贺英皇加冕使臣，自简定庆邸世子载振后，闻即得英外部来文，以载振年轻资浅，不肯接待，须另派王大臣前往。”这则过时的新闻虽有传闻之嫌，但也透露载振在受命出使第二天即蒙恩赏加贝子衔，并非事出无因。

② 载振：《英轺日记》卷一，光绪二十七年十二月十二日。

③ 载振：《英轺日记》卷一，光绪二十七年十二月二十四日。

④ 《京话演说振贝子英轺日记》，《绣像小说》第1期，1903年5月出版。

日以行，左旋一周，极西极东。丹穴空桐，仁智信武，礼俗教治，殊尚异向，恢越视听”①，其规格之高，经历之富，见闻之切，感受之深，影响之广，在晚清出使大臣中实在难有比肩，即使在晚清走出国门的数位满洲亲贵中也是绝无仅有。

载振受命之后，奏调了一批才学俱佳、职衔很高的参随和翻译人员，如参议官梁诚为二品衔记名简放直隶候补道，出使途中被任命为出使美国、日本、秘鲁大臣，参赞官汪大燮为外务部员外郎、即补郎中，唐文治为外务部主事、即补员外郎，记名道陶大均1901年随那桐出使日本，候补道李经楚为李鸿章之侄，担任翻译的吴应科为前北洋海军参将，刘式训为四品衔候选主事。这些随员极为得力，不仅帮助载振圆满完成了各项外交活动，还用心“考求各国政治、学术、律令、典章，旁逮商务、工艺”，搜集到各种资料，《英轺日记凡例》即交代“是书所纪各国章程、条例，一切均从各本国访求译录”，为后来迅速编成出使日记做出了非常大的贡献。

光绪二十八年（1902）三月四日，载振一行乘坐火车出京，在塘沽登招商局轮船南下，七日到上海，稍作停留，会见各国驻沪领事、沪关税司和英、美、日等国外交官，十五日放洋远航。十八日抵达香港，会见英国署理港督格思可言、海军提督裴理治等，应邀游览太平山，并接

① 载振：《英轺日记序》。

见港埠华商。二十四日船抵新加坡，拜晤总督史惠忒南，接见华商，并游观华人街市。然后横穿印度洋，经红海、苏伊士运河，过地中海，于四月十八日抵达法国马赛，换乘火车北上，经里昂、巴黎，径行二千多里，到达加来港，改乘轮渡至英国多佛尔港，紧接着转乘英王专派的官用火车，于二十二日夜间抵达伦敦。

四月二十六日，载振率梁诚、汪大燮等人，觐见英国国王，呈递国书："礼官导余入，参议梁诚等捧国书随余行。英主立待，去门仅咫尺。余入门，行鞠躬礼，英主答礼，彼此述颂词、答词。余遂呈递国书，敬谨宣布皇太后、皇上德音，致意存问。英主亲手捧授，喜形于色，致谢中朝遣使厚意，旋握手成礼。"① 在接下来数天内，载振分别拜见英国王子乔治和各部院大臣，如外部大臣澜斯登、上议院掌院大臣贺尔贝斯、管理英格兰大臣巴路佛等，凭吊维多利亚女王坟茔，参加招待各国使臣的王宫茶会和王后在白金汉宫举行的宴会，会晤赴英观礼的德国专使亨利亲王、日本专使小松亲王和美国专使。虽然因为爱德华七世患病，加冕典礼没能如期举行，载振却利用这次机会，成功开展了诸多外交活动，临行之前还得到英国王后的接见。在英国停留的一个多月内，载振等人选择性地参观了博物院、博物院藏书楼（大英图书馆）、贵族子弟小学、平民小学、牛津大学、武备学堂、跑马场等文化、

① 载振：《英轺日记》卷四，光绪二十八年四月二十六日。

教育机构，刑部上公堂、英兰银行、造币局、枪炮厂等政治、经济场所，以及伦敦的公园、医院、万生院（动物园）等公共设施，并有针对性地考察了英国的行政、刑政、议院、外交、预算、币制、兵役、水师等制度，感叹英国民心之固、民权之重，称赞英国学校之多、商务之盛，肯定英国管理体制之完善、公共设施之周全。

五月二十五日，载振一行离英，前往比利时，午后抵达滨海城市奥士登（今译奥斯坦德），比国外部大臣、内务府大臣、驻华公使“登舟致意，订期相见”①，第二天中午即谒见正在海边行宫避暑的国王利奥波德二世，“比外部及内府大臣等，在宫门相候，比君佩带上赠黄带珍珠宝星，迓至穿堂，握手为礼，偕余入宫坐谈”，“余归寓，比君即徒步至寓答拜”，“晚赴宫宴，余与比君比肩坐。同席者，比外部、内务府大臣、姚公使及卢汉铁路总办沙多等，比公主亦在座”②，三天后又应邀到国王游船上茗叙话别。随后，载振等人游历了比利时京城布鲁塞尔和安华士、利喔士、斯冷、尔士他卢等城镇，参观了比京总会（京城议事厅）、报馆、船坞、炮台、街市、铁厂、炮厂、枪厂、煤矿，对比利时的行政、兵制、工艺、税收、铁路等也作了考察，盛赞比国君王“学问渊粹，著作裒然，盛暑严寒，手不释卷”③ 的好学精神，称赏比国劝农、励

① 载振：《英轺日记》卷七，光绪二十八年五月二十五日。
② 载振：《英轺日记》卷七，光绪二十八年五月二十六日。
③ 载振：《英轺日记》卷七，光绪二十八年五月二十五日。

学的治国方略，“公田口井，人自为耕，家有不涸之仓，野有盈车之茎。是以税衣就功，家给人足如此”，“师巧工良，指与物化，为货骈阗，不胫而走，其致富非无本矣”①。

六月六日，载振一行抵达巴黎，开始对法国的访问。他们拜访了法国外部、首相、上下两议院议绅，谒见了总统鲁佩（今译卢贝）及其夫人，并受邀观看歌剧、出席宫内宴会，参加了法国国庆阅兵，参观了武备学堂、拿破仑庙，游览了亨利四世行宫、艾菲尔铁塔、巴黎旧城大树林。他们还详细考察了法国的行政机构及官员选派、推举之法，上下两议院议员选举与议事之法，财政制度与各种正税、杂税征收之法，外部官制及外交人员考选、任用之法，兵役制度及兵丁征调、军官升迁之法，海军舰船及沿海户口管理之法，商务繁盛及工商专利之法，工商学会及查考工商之法，重视农政及提倡农政之法，以及地税、盐课、电信、矿务、铁路、学校等管理之法。法国之行虽然短暂，却使载振对法国的民主政治体制有所了解并加以肯定，如评上议院议员选举“众皆书名投匦，以所举人数多寡为定，用示公允”，又论下议院议员选举“定例綦严，亦所以绝夤缘、澄流品也”②。

经过七天的越洋航行，载振一行于七月六日到达纽约，第三天即偕同驻美使臣伍廷芳赶往艾士打湾避暑行

① 载振：《英轺日记》卷七，光绪二十八年六月二日。

② 载振：《英轺日记》卷八，光绪二十八年六月九日。

宫，谒见美国总统西奥多·罗斯福，受到总统宴请，其间抽暇参观了纽约救火善会、邮信馆、铁桥、唐人街，凭吊了格兰特总统墓。九日晚间，他们登上西行的火车，开始穿越美洲大陆的长途旅行，于十四日下午抵达温哥华，第二天午后又乘坐英公司轮船“日本皇后号”，横渡太平洋。载振等人虽在美国行程匆匆，但“观美邦百馀年来，民主相承，日臻富庶，岂偶然哉”①，想要深究其缘由，因此搜集了美国国务院所属八部（外交部、财政部、陆军部、海军部、司法部、邮政部、内政部、农业部）、六局（通商局、劳工局、胥吏局、国家刊印局、渔务局、地舆局）的章程，细察各部、各局的职官设置及其职守分工，“要而言之，各部以综揽宏纲，各局以分理庶务，所谓如川之流，脉络分明，是以任官惟其能而国无废事也”②，大致窥知了美国政治、经济、军事、外交、教育的基本规制与运行情况。

七月二十九日，“日本皇后号”抵达横滨，载振等人登岸小憩，又乘特等火车赶往东京，寓居上野行宫，第二天觐见日本天皇，“余入殿门，行三鞠躬礼，敬致皇太后、皇上德意”，“日皇答礼，敬颂皇太后、皇上圣安，旋即握手，慰问再四，词意殷勤。礼毕，赴宫内大宴。日皇率宫内省、外部大臣等均陪坐，款谈一切，宾主尽欢。

① 载振：《英轺日记》卷十，光绪二十八年七月十日。

② 载振：《英轺日记》卷十一，光绪二十八年七月二十二日。

宴毕少憩，余遂导见各参随、翻译等，日皇逐一握手询问"[1]。在东京停留期间，载振除与小松、梨本、华顶等亲王宴游，与外务省、宫内省大臣酬酢，还参观了炮兵厂、气象台、劝工厂、武备学堂、赤十字社、大学堂、盲哑院、中央银行、刷印局，观赏了搏击、马球、歌舞、烟花，视察了留日学生会馆并发表演讲。八月十一日，载振率使团乘火车西行，相继在滨松、京都、奈良、神户、大阪、广岛稍作停留，沿途游览了京都旧皇宫、德川将军府、清水寺和奈良公园、神户中华会馆、大阪城、广岛缩景园等。载振等人对于日本的宪法主张、内阁组织、货币体系很有兴趣，也对日本军政、司法、警察、地方行政、学校、外交、铁路、矿业、农业等方面的制度一一作了考察，切身感受到日本政治、经济、文化、教育等领域的发展，较为全面地认识了明治维新以来的日本。

八月十八日，载振等人从马关乘船回国，二十三日回到北京，圆满完成出使任务。载振总结说："伏念载振此次奉使，仰秉宸谟，得无陨越，借慰庭闱期望之思，兼洽槃敦周旋之雅，私衷感悚，弥觉执简钦钦而不能自已也。"[2] 事实上，载振此次为庆贺爱德华七世加冕而游历五国[3]，与六年前李鸿章应邀参加沙皇尼古拉二世加冕典

---

① 载振：《英轺日记》卷十二，光绪二十八年八月一日。

② 载振：《英轺日记》卷十二，光绪二十八年八月二十四日。

③ 按，1911 年夏，英国皇后加冕，载振再次受命，以贝子衔镇国将军的身份，充头等专使大臣前往致贺，但后来未克成行。

礼而历聘欧美，前后相继，都受到各国最高规格的外交礼遇，堪称晚清两大外交盛事。

载振进宫覆命时，“仰蒙召对数刻之久”①，天津《大公报》有新闻说：“赴英专使振贝子回京之后，已于前日召见，蒙两宫垂询。”② 载振对欧美各国近况的汇报，引起正在推行新政的慈禧太后的兴趣，“太后命将各国富强之术详细具折奏陈”③。载振费时半月有馀拟出一份《敬陈管见折》，陈述考察各国详情，为新政改革建言献策，天津《大公报》事后披露：“振贝子于九月初十日上封事三，一为商务，一为矿务，一为学堂，洋洋数千言，核与各督抚及各公使去年以来所上条陈，尤为洞中肯綮，已交政务处及外务部议奏。”④ 与此同时，载振召集随员加紧编纂出使日记，如唐文治回忆自己返京后，“公务之暇，为载大臣编《英轺日记》成，进呈御览”⑤。当年腊月，天津《大公报》报道说：“振贝子此次出洋，著有《英轺日记》一书，详述所历各国情形，共成三十馀卷。前次召见时，曾经奏明，太后欲看其书，刻下贝子已派人写出正副本两份，不日即拟进呈云。”⑥ 这个进呈本一直收藏

① 载振：《英轺日记》卷十二，光绪二十八年八月二十四日。

② 天津《大公报》1902 年 9 月 27 日“时事要闻”。

③ 天津《大公报》1902 年 10 月 12 日“时事要闻”。

④ 天津《大公报》1902 年 10 月 23 日“时事要闻”。

⑤ 唐文治：《茹经先生自订年谱》，无锡国学专修学校学生会 1935 年校印，文海出版社影印本，第 49 页。

⑥ 天津《大公报》1903 年 1 月 9 日“时事要闻”。

在宫廷，海南出版社影印的《故宫珍本丛刊》中，正好有精抄的《英轺日记》十二卷，可证天津《大公报》说“三十馀卷”乃传闻失实。两个月后，天津《大公报》又刊发消息：“《英轺日记》一书，为从来出洋日记之冠，其文笔尤雅洁可诵，刻已由文明书局精印，大约月底可以出书。兹觅得原书序文，亟录之以供众览。”① 公布了上海文明书局已在刊印《英轺日记》，当天及翌日报纸连续登载《振贝子英轺日记自序》附《凡例》，让读者先飨为快。不久，天津《大公报》“新书介绍”栏下登出《英轺日记》提要，后来又两次在新闻中提到，京师大学堂仕学馆的月考奖品中有《英轺日记》②。自《英轺日记》刊行至当年岁末，天津《大公报》连续数月刊登文明书局的销售广告，内称：“本局所印振贝子《英轺日记》（详于商务及制造工艺）、严译《群学肄言》（空前绝后之作），行将售罄，欲购读者，从速为幸。”另外，1903 年

---

① 天津《大公报》1903 年 3 月 3 日“来稿代论”。上海文明书局印本封底署“光绪二十九年正月印刷，光绪二十九年二月发行”，与此报道在时间上相近。

② 天津《大公报》1903 年 3 月 26 日“新书介绍”。又 4 月 17 日“中外近事”栏下报道北京消息，说：“大学堂仕学馆月考，奖赏《原富》、《群学肄言》二书，已纪前报。兹悉所奖系《群学肄言》、《英轺日记》二书，刻下尚未出版，先由大学堂各发给票据，俟下月初方得领书云。”5 月 23 日“大学近事汇志”栏下又跟踪报道说：“大学堂三月月考于日前发给奖赏，师范给银，仕学给书，前列者为《华英音韵字典集成》、《英轺日记》、《东文典问答》三部，后列者仅有《英轺日记》、《东文典问答》而已。”

的《政艺通报》第2卷第5期、《经济丛编》第21期，也相继刊载《英轺日记序》及《凡例》。以天津《大公报》为代表的报刊，对载振出使归国以来的行踪连续报道，对《英轺日记》不断宣传，格外引人瞩目。内中缘由，一方面固然是由于当时奕劻权势熏天，载振又自具才干而大得慈禧宠信，是一位年纪轻轻、前途无量的“政治明星”①；另一方面，恐怕也与《英轺日记》以敏锐的眼光、丰富的内容、大胆的议论，对当时渐次推行的新政改革密相呼应有着直接关系。

《英轺日记》虽然与其他的出使日记一样，花了不少笔墨记载访问各国的外交礼节和外事活动，然而全书经过精心剪裁，内容更有卓异之处。载振在接到出使任命时，即意识到“此行固为典礼所关，亦借以恢扩见闻，增长学识”②，注意考察各国的政治、学术、律令、典章、商

---

① 载振出使归来后，连保荐了大批出使随员，特别是建议成立商部，于翌年获批并出任尚书，不久被参，载振上疏请辞，慈禧谕旨却说：“前因中国商务素未讲求，特设专官，振兴一切路、矿、农、工诸政，以载振才具开展，又经出洋留心考查，简派为该部尚书。现当创设之初，诸事方资筹办，其是否胜任，自在朝廷洞鉴之中，不得以人言指摘，遂图诿卸。该尚书谊属宗支，受恩深重，惟当尽心供职，任怨任劳，将应办事宜，次第妥慎筹划，以兴商政而济时艰，所请开缺之处，着毋庸议。”（天津《大公报》1903年12月18日“上谕恭录”）又溥铨在《我父庆亲王载振事略》中回忆说：“我父回国后，更得慈禧的宠信，历任镶蓝旗汉军都统、御前大臣、管理火器营、正红旗总族长等职。光绪三十二年颁布立宪，改革官制，又任农工商部尚书要职，这时他年仅30岁，可谓少年得志。”

② 载振：《英轺日记》卷一，光绪二十七年十二月十二日。

务、学校、议院、工艺等情况，一经亲身接触与深入了解，体察到弱肉强食的世界竞争带给天朝上国的严重危机，对各国锐意求变而日臻富强大有感触，“欧、美两洲，自十七纪之末，磅礴扶舆，更师迭长，与时王相要，靡不履繁霜而凛坚冰，镜前车而修来轸，诸国之迹灿然已”，因此对于清廷幡然改行新政深心相契，直言“恢越视听，怵然服念于九重忧勤劼毖、鉴观求莫之盛心，通变宜民，神化丹青，寄耳目于肤使，咨才咨事，咨义咨亲，繄政语所赖，微独宣德谕指、说山名物而已”，“钦惟我皇太后、皇上保合太和，建中于民，顺时消息，自六龙旋跸以来，损益因宜，诏书屡下，风声树于上，舆诵欢于下”，对于两宫圣意心领神会，发愿以出使之机，为新政作耳目之用，并借仗泰西智士期望中国奋起变法、自强图存，表示要“以卧薪尝胆之心，为拜手飏言之颂”①，立意将出使日记编成一部取鉴诸国、助推变法的“政语”。例如，载振在巴黎时，与驻法公使张德彝谈起偿付庚子赔款一事，提出要整理财政，变改币制，采行外洋通行的金本位制，明确建议：“今宜慎简廉明公正之士，详考各国银行章程，斟酌参用。先设国家银行于京师，约计成本金款若干、银款若干，先制金币钞票若干，复制银币钞票若干，以为之辅。银行以此发，户部以此收。先行之于商家，次推之于外埠。如是，则大本立矣。”“又现在议订

① 载振：《英轺日记序》。

商约，虽议加增进口税，然中商在外洋既以金款纳税，则中国海关征税，自应一律以金磅价核算，实于国家进款不无裨益。按公法，收税为本国自主之权，况此事尤为公平易简之法，各国亦岂能不允？《诗》云‘周爰咨谋’，又云‘其则不远’，愿为当轴陈之。”① 载振希望当轴鉴取欧美成法、因地制宜仿行新政的用意，在《英轺日记凡例》中有更明确的表示，其中第二条说：“是书仿黄氏《日钞》、顾氏《日知录》体，纪事之馀，稍参论议。大抵英详于商务及学校诸事，比详于制造、工艺，法详于议院、各衙门制度，而于教务必持之龂龂，美详于各部章程及其地方自治之法，日本与我地处同洲，其则不远，故于宪法等事并加研究，而于教育之法尤三致意焉。”最后一条又说：“出洋日记，近人所著，首推郭嵩焘之《使西纪程》、薛福成之《四国日记》，第郭书简略，未经完备，薛书则多系细绎报章，无关宏谊。是书宗旨，务在考求各国政治、学术、律令、典章，旁逮商务、工艺，冀以立青出于蓝、冰寒于水之基础，故于洋报译录甚鲜。盖觇国之要，固当识其大也。”所谓“其则不远”“觇国之要”，正是要效法各国，变法自强。书中对各国的记载各有侧重，则是参酌各国实情，以便取法其长。至于宣称“是书宗旨，务在考求各国政治、学术、律令、典章，旁逮商务、工艺”，把借鉴西方的政治、学术、法令、制度置于首位，

① 载振：《英轺日记》卷五，光绪二十八年五月十二日。

商务、工艺退在其次，显示出过人的胆识。

郭嵩焘、薛福成等先知先觉者的出使日记，为晚清无数读书人打开了一扇扇了解西方新世界的窗户，而载振以满洲亲贵身份环游地球，编撰出使日记大肆宣扬西学新知、鼓吹变法图存，归国之后竟然大获宠用，这对于一向颟顸守旧的满洲贵族，必然带来前所未有的冲击。《绣像小说》在第40期登完《京话演说振贝子英轺日记》后，特意加上一段按语，先称赞书中对欧美各国的全面记载，"其政治、法律、教育、军旅、农矿、路电等事，详举靡遗，下至一山一水，一园一沼，一名一物，一技一艺，无不具载，读者可恍然于中外兴衰之故及治乱之机矣"，然后大发感慨，力誉其开新风气的功绩："蒙更因之有感者，以我国习于柔脆，其蓄千金产、拥百亩田者，即不肯出门一步，而况天潢贵胄，势分较尊，而乃毅然决然，跋涉关山，出入风涛，不亦难能可贵哉！溯自辛丑醇亲王奉使于德之后，继之者即贝子，其后伦贝子又奉使于美，观圣路易斯赛会，皆为各国所惊羡，而我国平日之重闭深匿者，至此亦复爽然。昔大彼得以神器委诸他人，而投身入伦敦工厂，业成而归，遂立海军之基础。厥后败查列斯第二于瑞典，兵力所及，全球震动，卒成金城汤池之盛，操官山府海之利权，至今撷俄历史者，犹赫赫有生气。我国人智慧不下于斯拉夫族，将来岂无如大彼得者崛起于东亚乎，则贝子此记实其嚆矢也。"刘体智则在《异辞录》卷四"诸王公出使辱国"条下，从另一个角度反映了载振出使带给满洲王公亲贵的影响："镇国将军载振使英，贺爱德华七世加冕礼，归授商部尚书。诸王公艳之，佥思作海外之游，以猎取高位。贝子溥伦之美观赛会，镇国公载泽之欧美两洲考察宪政，贝勒毓朗之厦门招待美舰，镇国将军载搏之美充一等参议，贝勒载洵、载涛之各国考察海陆军政：使节联翩，不绝于道。"①

最后谈谈《英轺日记》的著作权问题。有一种意见认为，唐文治是《英轺日记》的实际编撰人，如唐门弟子冯振在《茹经先生自订年谱》光绪二十八年条下插入案语，径称："先生代清固山贝子载振编《英轺日记》，共十二卷，欧美风教，沿途景物，详载靡遗，择善讽行，尤具深意，光绪二十九年二月由上海文明书局印行，近已少传本。其序文并载《茹经堂文集》卷四第四十四页。"②王桐荪等选注《唐文治文选》③，也选录《英轺日记序》和日记中的十则片段，完全把《英轺日记》视为唐文治的日记。甚至载振之子溥铨，也在《我父庆亲王载振事略》中介绍《英轺日记》时，注明"据悉这本书出自随行参赞唐文治之手"④。台湾文海出版社影印的《英轺日记》，改署载振、唐文治同著，学苑出版社影印的《英轺

① 刘体智：《异辞录》卷四，山西古籍出版社1996年，第216页。

② 唐文治：《茹经先生自订年谱》，第49—50页。

③ 王桐荪、胡邦彦、冯俊森等选注：《唐文治文选》，上海交通大学出版社2005年。

④ 爱新觉罗·溥铨：《我父庆亲王载振事略》，《天津文史资料选辑》第44辑，天津人民出版社1988年，第204页。

日记》，干脆改作者为唐文治。时至今日，已有不少研究者根据《英轺日记》来评述唐文治的思想。其实，《英轺日记》由“专使英国头等大臣”载振进呈御览，文明书局印本也在封底署明“著作者：固山贝子载振”，并在版权所有栏内加盖振贝子私印，各种报刊的宣传也无不言必称振贝子，可见当时对《英轺日记》的著作者并无异辞。唐文治本人曾在“代载大臣作”的《英轺日记序》中，明说“于时僚采有见闻，鞮译有诵述，削牍既多，裒录成帙”，承认《英轺日记》是将几位出使随员的各种材料加以汇集、编纂而成。因此准确地说，唐文治只是较多地参与了《英轺日记》的编纂，但《英轺日记》绝非由他一手代笔而成。

《英轺日记》现有三个版本：一是光绪二十八年内府抄本，2001 年海南出版社《故宫珍本丛刊》据以影印；二是光绪二十九年上海文明书局铅印本，1972 年台湾文海出版社《近代中国史料丛刊》、2002 年上海古籍出版社《续修四库全书》、2006 年学苑出版社《历代日记丛抄》所收《英轺日记》，以及 2010 年民族出版社的单行本，均据以影印；三是光绪二十九年五月李伯元主编《绣像小说》第 1 期开始连载的《京话演说振贝子英轺日记》，分载 38 期，实是根据文明书局铅印本加以改编，省去书前序言，增加几幅绣像，将全书由载振自述体改成第三人称评述体，并作了断句处理，改成通俗的白话评书，内容也常有删减，描写文字大为减少，议论文字基本被删。文明书局铅印本虽然流传较广，但笔者在整理中发现有诸多文字错讹，经与内府抄本比对，发现内府抄本并无此种讹误，版本较优，因此以内府抄本为底本，以文明书局铅印本为校本。校勘时，凡底本有文字讹误，据校本改正，出校说明；凡校本有误而底本不误者，不作校改，不出校记；凡底本、校本有异（主要是正式付印前所作的少数修饰），出校记照录校本文字。至于常见笔画舛讹或刻写混同文字，如己、已、巳，日、曰，干、千，阵、陈之类，以及避圣讳、清讳之字，如玄作元，弘作宏，胤作允等，均一律径改，不出校记。

因学识有限，整理工作中难免谬误，祈请读者不吝指正。

丙申初夏吴仰湘识于岳麓书院

载振英轺日记□

光绪二十八年（1902）

三月十五日	自上海启程
三月二十四日	抵达新加坡
四月十一日	过红海
四月十八日	抵法国马赛
四月二十二日	经巴黎抵达伦敦
五月二十五日	离开英国至比利时
六月六日	自比利时抵达巴黎
六月二十九日	离升巴黎赴美
七月初六日	抵达美国纽约
七月二十九日	到达日本东京
八月二十四日	返回北京覆命

□据 2001 年海南出版社影印光绪二十八年内府抄本（《故宫珍本丛刊》）以光绪二十九年（1903）上海文明编译书局本参校
□吴仰湘校点

载振英轺日记

目录

英轺日记序

光绪二十有八年夏五月，英国君主爱惠将加冕于伦敦，先期外务部闻于朝，天子发玺书，简专使，福事贺庆。于是载振遂奉出使英国之命，兼应比、法、美、日诸国之请，周爰彼邦，张旜以出，封轺而返，经途八万里，为时十七旬。滂滂地圆，随日以行，左旋一周，极西极东。丹穴空桐，仁智信武，礼俗教治，殊尚异向，恢越视听，怵然服念于九重忧勤劼毖、鉴观求莫之盛心，通变宜民，神化丹青，寄耳目于肤使，咨才咨事，咨义咨亲，繄政语所赖，微独宣德谕指、说山名物而已。于时僚采有见闻，鞮译有诵述，削牍既多，裒录成帙，乃复综而论之曰： 出使四国 恢越视听

伦敦在西海之壖，孤悬三绝岛，而辖辖五洲，吸收宙合之精华，都市殷赈，鸿纷瑰玮，举天下之财政家、制造家、工艺家、商家、农家、外交内治家，靡不集听瞩于 英伦之盛

斯，权低昂于斯。彼都人士，乘坚而策肥，高步而远视，崔构闳九天，陶复洞九渊，飈轨电邮，呼吸万里，诚上帝骄子倮属之幸民哉！其政策和而坚，善动而能静，屈群策，不殚厥力。其民朴属，勤于事，乐利跂[①]，而尊上亲长，服从于法律。其风俗外希骜，内善葆光，重学而轻教。起十七世纪，以迄今兹，三纪有胜，非幸也，数也。

英国政策之善、民风之淳

巴黎恢恢，冠绝西欧，林麓翳荫，万物棣通，士女遨嬉，谈辞掞张，议堂扩千步，民政所宗。其气侨，其学说日新，其民英跱自憙，而心志发扬。方时国社阑逐教徒，泛渊驱鱼，邻国为壑。夫彰善瘅恶，品物恒情，曷兹壮佼，标宗树异？欧人惩昔祸，有戒心焉。自西徂东，所不能不三致意也。

议院为民政所宗

美利坚洲，于欧视为西，于亚视为东，名城大都，星缀岳峙，天产轧茁，地宝涌盈，艺学引缀，利主考工，舟车亘亥步，朱圭、猗顿比户可封，合众国以之。越坎拿大山而西，其间堂密美枞，田畴罫画，黄冠草服，毡帐穹庐，极目窈窅，熙熙然有邃古初风焉。天留奥壤，厌饫白民，乃不免有形茹神恖、椎结惈墨者杂处其中。种族之蔽，人权之畸，不已酷乎！

美国富盛

种族之蔽、人权之畸

日本聪强，模范以为良用，兄英师德，自奋东方。行观其庠序，则子衿青青，被服德行，方领矩步，虑宪求善

日本自奋东方

① 按，“乐利跂”，刻本作“綦谿浩宕”，天津《大公报》刊此序作“乐自由”。

良。行察其主藏，则地用人用，井井秩秩，经制出入，准平靡失。其心竞于学界也，其尚武而日省于国力也，其作新不已而不破糅其国粹也。东方之美者，伦常秩序，君帅将相，密自保持。旋观我留学生徒[1]，案饰欢欢，玩心罗福，齐以苦言之药，不至挟策而亡其羊已。

凡兹四大善舞剧场，一纵一横，或翕或张，巧算不可穷，离朱亦迷方。载振既冯轼观之，而伦敦旋轫之初，先至比利时国之博闻赛都城，厥民殷析，殚精工艺，比主黄发髟髟，手持一篇，研研讲议，若无预于欧洲战国策者。荷兰遗俗谧康若兹，其持弱之道乎？其将伺人之不见有所得乎？夫民生而有血气则争，争而不已则困，困而犹不能不争，且行求所以善其争者，而开化之术出焉，进步之程伟焉。欧、美两洲，自十七纪之末，磅礴扶舆，更师迭长，与时王相要，靡不履繁霜而凛坚冰，镜前车而修来轸，诸国之迹灿然已！

比利时殚精工艺

更师迭长

钦惟我皇太后、皇上保合太和，建中于民，顺时消息，自六龙旋跸以来，损益因宜，诏书屡下，风声树于上，舆谔欢于下。方今官守其度，士劝其学，工农商师讲于野，兵技巧家兴于军，百废举厥，作事谋始，日积而月累，固将月异而岁不同。自兹以往，欧、亚学界之中，我庠士其且竞胜于理化乎！我政家其竞胜于经济乎！我兵家其竞胜于武力乎！我农工商其竞胜于产殖乎！夫倾

寄望新政

① 按，“我留学生徒”，刻本作“齐州英俊”。

者易之复，否者泰之来。机张省括[①]，未形有无。窃愿进绸缪牖户之谋，诗万福明堂之瑞。载振不敏，盖翘勤以俟之矣。

专使英国大臣[②]、固山贝子衔、镇国将军载振谨序。

① 按，刻本自此句以下，另作“载振诚不敢为謷言，而泰西智士之言，其期于我国，乃有过我自期万万者，辄以卧薪尝胆之心，为拜手飏言之颂。当世君子，其或不鄙乎斯言”。

② 按，刻本“专使”上另有“大清”二字。

凡 例

一、是书分十有二卷。由北京启程赴沪，由沪放洋，历南洋各岛，过印度洋，至地中海，为第一、二、三卷。由马赛赴英，住伦敦，为第四、五、六卷。住比京，为第七卷。住法京，并由法启程，过大西洋，为第八、九卷。住纽约，并由美启程，经温哥华，过太平洋，为第十、十一卷。住日本，由马关回京，为第十二卷。 分卷依据

一、是书仿黄氏《日钞》、顾氏《日知录》体，纪事之馀，稍参论议。大抵英详于商务及学校诸事，比详于制造、工艺，法详于议院、各衙门制度，而于教务必持之断断，美详于各部章程及其地方自治之法，日本与我地处同洲，其则不远，故于宪法等事并加研究，而于教育之法尤三致意焉。 内容各有侧重

一、是书所纪各国章程、条例，一切均从各本国访求译录。其有曾经前人纪载者，即不复著录，以免剿说雷同 访求译录

之诮。

纪载实事　一、经过南洋各岛及印度洋、地中海时，俯仰陈迹，盱衡世变，均有实事可纪。至大西洋、太平洋，则莽荡靡涯，亹闻罕漫，故仍纪法、美两国事实，以免蹈空。

地理从略　一、张骞使西域，具言地形，舆地之学，由来尚已。是书释地稍从简略者，以有新化邹代钧《西征纪程》，业经专美于前[①]，是以不复详著[②]。

后来居上　一、出洋日记，近人所著，首推郭嵩焘之《使西纪程》、薛福成之《四国日记》，第郭书简略，未经完备，薛书则多系䌷绎报章，无关宏谊。是书宗旨，务在考求各国政治、学术、律令、典章，旁逮商务、工艺，冀以立青出于蓝、冰寒于水之基础，故于洋报译录甚鲜。盖觇国之要，固当识其大也。

① 按，刻本此句作“考证极审”。

② 按，刻本自此句以下，另有“至于山水纪游，则略仿柳子厚文体，不尚丽藻，惟运神思，庶俾读者有情满于山、意溢于海之致”。

27,12,12

英轺日记卷一

光绪二十七年十二月十二日　奉命派充专使英国头等大臣，致贺加冕。翌日，又奉恩旨，赏加贝子衔。窃念载振束发诵《诗》，未谙专对，叨承乔荫，得沐殊荣。此行固为典礼所关，亦借以恢扩见闻，增长学识，感幸之馀，弥深悚惕，当敬谨具折谢恩讫。 奉旨使英

二十四日　呈递奏调人员折。计调参议官二品衔、记名简放直隶候补道梁诚，参赞官四品衔外务部员外郎即补郎中汪大燮，二品衔记名道杨来昭，二品衔候选道黄开甲，四品衔外务部主事即补员外郎唐文治，二品衔记名道陶大均，翻译官前北洋海军参将、扬勇巴图鲁吴应科，四品衔候选主事刘式训，五品衔候选县丞潘斯炽，凡九人。自后迭与各国驻京使臣拜晤往还，诸使雅重邦交，均有请赴各本国游历之意。因拟俟英伦礼成后，自西徂东，由欧达美，由美返亚，庶得考验各国政治、艺术，以为采风 随行人员

之助。

陛辞

二十八年二月二十二日　陛辞，巳刻召对，仰蒙圣怀廑念远程，训勉有加，莫名钦感。谨将出京日期及游历各国程途，逐一奏明。是晚，英国驻京使臣萨道义，设宴于使馆作饯。

出京

三月初四日　恭赍国书，率同参议官梁诚、参赞官汪大燮等，至正阳门东火车栈启行。车马骈阗，送者萃集。醇邸暨那侍郎桐深致殷勤，问途已经获益匪鲜。英使萨道义、日本使内田康哉，均登车话别，一以东道之情，一因同洲之谊，道左周旋，弥征亲密。欧、亚风俗，虽自不同，而崇尚交际，娴习礼文，因之以讲信修睦，固无二致也。骊唱催人，虓征遂赋。巳正一刻，客散，开车。既深恋阙之私，复念过庭之训，輶轩独坐，枨触于怀。申正，抵天津，英领事威金生来见。酉正，抵塘沽，登招商局安平轮船。

英使日使登车话别

初五日　寅初开轮，卯初至大沽口。时值海潮方涨，一望弥漫，而水浅沙高，舟行甚滞。溯厥原委，盖永定河上游为桑干河，导源晋北，挟沙而行，至析津之三岔河口，会白河、凤河诸水，东南流入海。昔时水盛，刷沙停滞，日仅微积。比年以来，永定漫口，治河者多开引河以杀水势，繇是水力浸弱。又经七十二沽盘纡缭曲，积久淤垫，潮汛灌注甚微，退势愈缓，迨抵口门，湛濼分涣，不能挟以远行，口外停沙里许，深处仅九尺，轮舶出入不便，驯致货物壅滞而商务困。诸沽水益浅，支河不能开，

28,3,5

盛潦无所宣泄而农务困。诚能用西国机器挖沙之法，大加浚治，不数年后，可期通畅，微特商务枢纽所关，实畿辅水利所恃以为基础者也。申刻，过山东庙儿群岛。岛大小十五座数，南北分列，为黄海与直隶海两戒之间。最北为北城隍岛，距老铁山头二十二里，西南距莱州海岸约六十里。以地势悬空，海程散漫，经营台坞差有未宜。然东连旅顺，西接威海卫，拱卫津沽，固渤海之要冲也。戌刻，过烟台。亥刻，过威海卫。烟台口外有小山一，形似孤峙，即成山。其西六十里有陆岸，前伸如舌，与登州北岸接，名细沙颈，自东南迤西北，长五里。毗近有岛，曰之罘，高九百八十尺。其对岸即烟台山也。距成山西二十三里曰刘公岛，东西两面为港之二口，威海卫在其西岸。近数年来，英人于此募兵设防，不遗馀力，其用意固为深远，第以睦谊而论，则完璧归赵，自必不爽其期。前事不忘，后事之师，慎毋昧于求己也。

议用西法治水

烟台口外形势

初六日　未刻，过黑水洋。遥见浓烟一缕，缭绕天边。旋见有船桅高出水际，又少顷全船毕见。船主云此船速率力较大，追及同日烟台所开之船。此际波平如镜，目力所穷，四陲渐偃，因知地圆之说为不诬也。

过黑水洋

初七日　卯刻，过蛇山。山为崇明县属岛。县志谓是岛昔无居民，康熙间有贾人浮海，始履其地。今则轮舶时经，阅二时许即可达沪，足征地利之辟，虽关运会，实借人功。巳刻，抵吴淞港。港长六十里，为扬子江分支，亦曰黄浦江。北岸有浅滩，巨舶入水深者，皆迤南岸驶入。

抵吴淞港

两岸台垒相望，惜地势平衍，难于扼要。旋即停轮，上海道袁树勋等来见，副总税务司斐式楷放海关开办巡轮来迓，并称英兵预备在英工部局码头排队迎接。爰于申初易坐小轮登岸，工部尚书吕海寰、工部侍郎盛宣怀等，在彩棚跪请圣安。礼毕，即赴斜桥之洋务局驻节，接见在沪各官及在沪绅商。

抵沪登岸

初八日　英国领事班德瑞、副领事慈必佑来见，并称其总领事霍毕兰抱病，未克躬诣行辕，深致歉仄。是时各国驻沪领事法国巨籁达，德国克纳贝，俄国阔雷明，美国古纳，日本岩崎三雄，丹国厉克司密甫，比国薛福德，义国聂腊济尼，奥国柯次辣，葡国濮琚，沪关税司好博逊，副税司李蔚良、博禄多，造册税司戴乐尔、夏立士，洋文税司义理迩，汉文税司威礼士，均先后来见。江汉关税司贺璧理，因随办商约在沪，日本陆军马兵少佐今井直治、通译勋八等过镣太郎，亦俱随班来见。竟日周旋，颇形梯桅。戌刻，吕尚书、盛侍郎暨在沪各官，公宴于味莼园，奏西乐以侑酒。英国议商约使臣马凯，并各领事等均在座，中西共三十馀人。

会见各国领事

奏西乐侑酒

初九日　英国提督杰美斯何乐章、美国提督黎富思、法国驻华陆军总统凡勒脱等，先后来谒。午刻，英领事班德瑞请宴于领事署，特派炮队护送，迨抵署时，又遣步队迎接，笃念邦交，意殊周至。申刻，江苏巡抚恩寿，以阅兵过沪，诣行次跪请圣安，礼毕留晚膳。考查扬子江发源西藏昆仑山，其流东达滇、川、鄂、湘、江西、安徽、江

28,3,9

苏等省，而注于太平洋，不独形胜险要，以贸易而论，实商务绝大一战场也。顾中商贸易往往不逮西人者，揆厥所原，西人多设商会，上下之情通，中国狃于旧习，官商之气隔；西人成本巨，其力足以持久，中商营运微，其气不足以萃聚故也。昔管子论海王之策，不外揆度轻重，唐刘晏善理财，不外周知四方之物价，诚能握盈虚衰旺之数，善为维持，则中国之富可翘足而待矣。

论中西贸易

初十日 日本议商约大臣日置益、小田切万寿之助来谒。申初刻，赴各处洋行，略一游览。晚赴英国议商约大臣马凯之宴，在座约五十馀人。修改商约一事，特简吕尚书海寰、盛宫保宣怀，与各国订议。中国商务，英为巨擘，故群推英使马凯为领袖。惟所交二十四款，各有注意之处。闻美国意在杂居内地，日本意在华米出洋免厘一节。欧美虽有同心，然观于光绪二十五年英提督贝思福所著《保华全书》，详载各口英商陈说，知此事英为独重。故马使所交各款，均于极琐细中，暗寓挤我厘金之意，使我不免自免。迭次会商，无非叮咛小节。幸吕、盛二君心知其意，外务部复电二君尽力坚持，必先允我加税，方可开议他端。于是二君告以如允加税，则诸款方可徐商。马知我窥见隐微，始渐就范。惟从前有税之货，约可加至值百抽十五，烟酒食物之类，仍只允值百抽五，不审能一律抽收否？窃思税厘为各国自主之事，烟、酒尤为各国征税最重之物，独我以载入约章，致多窒碍，揆诸公理，良有未安。杂居一节，在各国原无分彼此，我以刑律不同之

修改商约

论加税

故，侨居客民不肯受我管束，繇是川壅而溃，伤人愈多。在我方深掣肘之虞，在彼已兆剥肤之痛，种种流弊，俱萌于此。吕、盛告以侨民受辖必许杂居，彼有难色，而坚询我国改律何日就绪。比年各国皆以开通中国为言，杂居之说纵使获已，亦当在先事绸缪之列。窃愿为士师者，斟酌中西，早编定本，使彼无所借口，庶几编氓悉隶，不独消患无形，且从前教案受祸之深，亦可从此稍减。至华米出口与洋盐进口，皆有损于民生。民生蹙则内乱生，商务将不可问，固不徒中国之害也。

论杂居

十一日　申刻，赴副总税务司斐式楷茶会，中西男女宾客约百馀人。戌刻，赴日本正金银行长锋郎之宴，日本议约官日置益、小田切万寿之助均在座。酒半，小田切举杯称颂，词意颇殷当，答以中、日系同洲同文之国，交谊益加亲睦，此次本爵大臣奉皇太后、皇上简命，俟赴英国贺加冕礼成后，即当赴贵国通问，顺便考验一切，云云。盖日本迩来励精图治，学术日新，至其讲求宪法，尤为精要。宪法者，实即中国《春秋》之书，尊王之旨，卑高以陈，贵贱以位，明此义则名位秩然，横议邪说不禁自绝。秋间东瀛返旆，必须详加探讨也。

论宪法

十二日　午初，赴英国兵官司达雷阅操之约，司先派舢板在码头迎候。届时登舟，各兵官佩刀，水师兵持枪，奏乐。少顷，乐止，司指二兵官通名额手相见毕，导引周历船面。船两旁排列快炮八尊，炮子每重百磅，又间以小炮六尊。舵楼二重紧相接，前为平时航海之用，周以木

英国兵船

28,3,12

房，后即开战时所用，周以钢板。三面容光处，仅玻璃一小方。居中有轮，所以展柁。左右列测量仪器各一，以量敌船之方向。仪柜之旁，各悬得律风以发令，使攻敌有准。船面悬雷艇一、快船一，行军陆路快炮、快枪无不备。少顷，入餐房献茶。饮毕，司请阅操。俄而吹号，各兵往来如织，咸就本位。又吹号，则各炮位左右俯仰，旋转如风，开炮门，出旧子，入新子，顷刻启闭数次。俄而作船身受伤状，则各兵解人帆布，悬之入海以偃水。俄而作兵受伤状，则数兵维之以板，抬入舱。俄而作受炮火发状，则各兵挟水机以息火。俄而作鱼雷来攻状，则各小炮俯仰以击之。俄而作兵坠入海状，则数兵系绳悬铜圈以救之。其平时之备御周，故临时之策应速。演毕，复进餐房茶叙，仍坐舢板登岸，兵船演乐，声炮致送。未刻，沪上绅商公宴于澄衷学堂。堂为叶道成忠捐赀创建，讲舍宏敞，生徒二百馀人，年最长者十六岁，最幼者七岁，分班进谒，彬彬有礼。因勖以："朝廷于教学一事，极为注意。此堂规模粗具，程课秩然，殊堪嘉尚。诸生励志劬学，务期淹贯中西，明体达用，以备异日栋梁之选。达材成德，道在养蒙，诸生其勉旃。"因书"棫朴权舆"匾额，并跋数语以赠之。是日吕尚书、盛宫保皆在座。盛系会办商务，因令商董严道信厚、朱道宝奎、毛道祖模等谒见。中国商情涣散，狃于近利，每因鹬蚌之争，坐使渔翁得利。近于沪上设立商会，借通彼此之情，倘能障碍一空，庶商务日有起色。因以上下一心，通功易事，尽力维

阅操

澄衷学堂

论中国商务

持，为诸商勉励数言。酉初始散。

阅机器局 十三日 未刻，至高昌庙阅机器局，总办毛道庆蕃导

枪厂 引周阅。凡为厂四，曰枪厂，曰炮厂，曰生铁厂，曰熟铁厂。枪厂所制，系后膛林明敦、黎意、快利等枪。现添购机器，仿鄂局式，改造小口径新毛瑟枪。其口径、枪身、

炮厂 子弹，悉与鄂局相符。炮厂所制，以铜壳装药新式快炮为最，计六种。内一百磅子、四十磅子、六磅子三种，便于轮船炮台；十二磅子、三磅子、两磅子三种，便于陆路行

生铁厂 军。生铁厂所造，有机器，若汽机、汽筒、飞轮之属；有器具，若热炉、铁架、辘轳之属；有军械需用之件，若炮架及碰雷铁坠之属；有厂屋需用之件，若铁柱、铁垫及铺

熟铁厂 地铁板之属。熟铁厂所造，有机器需用之件，若偏心湾轴、夹箍及各式扳手、销子、起子、螺丝之属；有轮船需用之件，若挺杆、摇杆、汽罨杆、天遮架柱之属；有枪手需用之件，若护手、弓机、簧管坯、挑簧之属；有炮位需用之件，若炮塞、炮耳架、板手、炮架钩之属。所用之铁，七成用中国矿产，三成购自外洋。制器则视所宜配用之。厂中能修船，不能自造，以船坞狭隘、河小水浅故也。近年推广，能造锅炉及总机器。上年四川设机器局，其总机即此厂所造，规模较前开拓多矣。

十四日 辰刻，拜发陈报放洋日期一折，并抄稿咨外务部。申初三刻，率参随各员，由洋务局启行。先是赴塘

李经楚 沽时，李道经楚来见，请附安平轮船至沪。李道为前大学士文忠公之侄、前两广总督勤恪公之子也。舟中接谈，言

28,3,14

论开敏，至是因续调焉。申正，抵马头。吕尚书、盛侍郎、恩中丞暨英使马凯、英新任总领事满思斐、英驻沪总统兵官、日本议约官小田切等，均在海关码头相送。斐副总税司仍备开办巡船，送至吴淞。南北洋海军各轮，俱声炮致送。申正三刻，登嗹角公司船名班哥而。原定公司船名奥士地利亚，抵沪始知该船向往来锡兰岛至马赛之间，中国及南洋海别有公司轮船接替。故登是船。询知船主名樊伦梯尼，船长四百英尺，宽四十英尺，吃重四千六百吨，速率英海里十三里有半，现吃水深二十三英尺，船主一人，大、二副等共五人，司机七人，由上海至锡兰往来已多年矣。北洋海军统领叶祖珪、副统领萨镇冰来见，请赴海圻兵轮阅看炮位，因单舸往视。此船与海容船，均于戊戌年在英厂造成。船桅有台二重，可发机炮以攻远。船头置三百磅开花子快炮一座，右有电机，一人以足践机，则数千斤之炮，上下左右无不如志。两旁列一百磅开花子快炮十二尊，又小快炮二十一尊。舱中有药库，有子弹库。小弹以椟储之，每运一椟，得子二十枚。大弹之库，即在大炮位右旁。舱口周小钢板，舱中设辘轳，悬二桶以运之。叶祖珪言此炮旋转甚捷，施放亦极便利，所惜运子稍迟，未免有停炮候子之弊，能设法改速，方无遗憾云。管带萨镇冰，曾在北洋水师学堂肄业，以高等累擢今职，办事认真，为海军未易才。船中水师三百馀人，整齐娴熟，以视前日所阅英国师船无不及也。惜时已薄暮，未及操演，匆促返英公司船，已列馔候晚餐矣。北洋水师凡七

英公司船

海圻兵轮

萨镇冰

船，现在福州者二，在高昌庙船坞者二，在吴淞口者三，海圻其一也。船坚器利，且系新式，惟无大钢甲船，且船少未能成军，故暂寄南洋各口停泊云。

离沪

十五日　卯刻，出吴淞口南。午刻，抵浙江洋面。未初，烟雾四合，舟行缓，频放气击钟以警来船。未正，雾甚，有风，因停轮。戌初，雨作，雾止，复起轮。夜色苍茫，遥见岛屿潆洄，询之则舟山也。未几，见灯塔甚近，知为定海港。各岛其最向西者曰螺头，距螺头东一里曰摘箬山，距四里又四分里之一曰白龙山。螺头北列岛，最向西者曰马秦山，迤东曰盘屿山，又东曰鳌山。此外小岛甚夥。潮流迅疾，并多隐石。至螺头与马秦山间曰马秦水道，与穿鼻间曰螺头水道，俱便停泊。又北曰大衢山、小衢山，又北曰岱山。综揽形势，慨然想见道光二十年之役，海水沸腾，惊霆不测。论者多谓舟山地险，易克难守，不知险者地而所以设险者人。《周易》“习坎”之大象曰“习教事”。教事者，练水战、广汛地、通斥堠而已。“绸缪牖户”，经训昭然，其可忽诸！

舟山各岛

石浦港

十六日　早过石浦海面。案：石浦港在牛头山西，西面有水道口，可通三门湾，南面由黎民岛西面以通三门湾。港北面有石浦城。自石浦海岸，曲折向北二十五里，至象山港，口有数小岛，水浅不能避风。光绪十年，法兵船邀击援台兵轮，澄庆、驭远两船遂沉港内。午刻入闽海。考全闽之形胜，以厦门为枢纽。其西南曰鼓浪屿，周约数里，出海面二十馀丈，四周多石。又有石嘴，自屿东

鼓浪屿

28,3,17

南伸入海半里许。近日本诸国请将此屿辟作租界，然金、厦海防纲维于是，亟宜明定妥章，以保我自主之权也。此外如长岐、马祖诸山暨海坛镇，俱险要处。

十七日　出闽海，入粤海，过南澳镇之南。案：南澳以东西计长十二里半，以南北计最宽处约五里许，在潮州饶平县东南，峰高一百七十丈至一百九十丈，渔舍鳞比，不产植物。南澳西角曰快传角，其南有流沙浅滩，午后天气较热，可服纱縠，盖距温带益近也。西人嘉导理介参赞黄开甲来见，送呈《育才书社章程》一册。嘉饶于赀，捐金四万元，于粤省创设学社，取名育才，专课中国子弟。其章程十八则，颇有条理，末则云："书社之名目与创设之原意，不得更改。凡书社所设之学塾，必不得兼教传教课程，亦永不得归属教堂，干涉教门之事。"此条极有斟酌。盖教务根源，肇自墨氏，读《尚同》《明鬼》诸篇，迹象昭然，已可概见。摩西十诫，特彼教中之糟粕，惟其保守灵魂之说，实得释氏豁然顿悟之宗，而于庄子所谓"至道之精，窈窈冥冥，抱神以清，形将自正"者，庶几相近。我中国圣贤，久已辞而辟之。欧西传教之士，辄欲以此卮言，聒而与中国士夫语，怐愗者因以致疑，狡黠者转相托足。此人心之所以日漓而天下之所以多故也。昔班孟坚论诸子皆六经之支与流裔，庸讵知学问之道，径涂贵博，宗旨宜严。嘉导理以西人设中国学社，独能以不传教为本，斯其所见高出于利玛窦、艾儒略辈殆数等矣，因书"功超利艾"四字匾额赠之，不徒奖励其事，盖嘉其能知正学也。

南澳镇

《育才书社》章程

学问宗旨为正

英轺日记卷二

抵香港

〔三月〕十八日　巳初刻抵香港埠，发外务部电一件。港督派中军来迎，并请午餐。午正，率同参议官梁诚、参赞官黄开甲，乘港督所派小轮登岸，赴将军公馆之宴。盖正任港督请假回国，摄篆者为将军格思可言也。将军迎于大门外，与行握手礼，偕入正厅，见其夫人、英驻防副将之夫人，暨英远东水师提督、水师左右翼长、水师司令官、陆军司令官、汉文参赞、汇丰总行总办、警察署总办、华民政务司，均以次行鞠躬礼。未初入席，爰询以港属之广袤，港督曰："港属为英方里者三十五迈，九龙为方里者三百五十迈。港地倚山为庐，分三环，上环居西人，中环为西市，下环为华市。"又询以户口之繁庶，港督曰："港地华民约二十五万，九龙华民约十万。两处西人不过三千，合陆兵不过八千人。兵船游弋无常，故水师人数不能以约举。"又询以刑律之轻重，港督曰："轻者

赴宴

香港大概情形

28,3,18

罚锾，重者科以苦工，石工、木工视所宜。成童以上罹法者，使习一艺。溺婴者缳首，拯死者重赏。鞭笞罕施，以养其耻。”又询以教养之规则，港督曰：“官学不取膳，不给奖。不分中西，卒业者给照。商民子弟争赴焉，故费无常。”又询以商税之出入，港督曰：“英于此埠稽而不征。核其商本，约英金五京镑有奇。核其重率，约英权一京五兆六亿墩有奇。英船载运者强半，他国及华船载运者弱半。”谈次，已申初，举盏兴辞。港督言太平山为港埠清幽处，不可不游，已派印捕为前躯。因往登山，有火车候于途。车式如常，以轮夹钢绳而行，山半有机房，绳内旋则车上，外旋则车下。火车尽处，去平地千馀尺。下车，有肩舆候于途，登之逶迤而前。距山巅数百尺，舆阻，徒行，热而渴，土人争献茶。稍憩，拔步直造峰巅，山亭巍然，爰暂止足。举目四顾，一望无际，云生肘下，清风徐来，披襟当之，尘熇顿涤。俯视市舶鳞集如绘，海波凝碧，沦漪生纹。遥见远岫浮空，雾迷山腹，蓊薆荡漾，隐现分明。因念古人登高能赋，寄托晤言，讵如刘勰所云“形在江海，心存魏阙”，况陟岵、陟屺之感，更有结辖弗谖者耶？侍者解佩刀，画名亭楹。时已申正，赴华商公所茶会，接见商董首事道员冯华川、谭乾初、温灏，中书陈始昌，知府廖维杰等。考香港华商之业，以南北行为大宗，承运南北货物，握往来之枢。近年设此栈者，多至二百馀家，非巨赀不能立，或独赀，或合股，上者一二百万，中下亦八十万以上。次则保险公司，专保水

游太平山

香港华人商业

火各险，往岁不过三四家，近增至十馀家，商本亦各百馀万，或聘用司理人，或鸠集股本，必延律师、定合同，签押后呈于有司，录副存案。其赀本必核实，否则立遭驳斥。每月每百金纳一钱三分于官，有司以时稽之，知其出入之数。故司理人及股东，俱不能为伪，以肆吞并。设有不平之事，商董集同行于公所，各抒所见，议定咸输赀，延律师，控于官，官不得因中西之故，有左右袒。故自立商会，华民争回权利不少。其首事岁一举，先期函其名，投于柜，届期发之，以举者之众寡为定。总理亦得联任，其分理或书记任满则去，不得联，阅岁可再举。此法采自西人，行之无弊。其稽核严，其声气通，本实利丰，为亚洲商埠之冠。谭乾初云：比年西人考察全球商务之盛，英之利华埠为第一，而香港次之。前数年之香港瞠乎居后，今则驾纽约、金山而上之。英人保护、开通二法，循环为用，历数年后，或并胜于利华埠，未可知也。因思吾华商业繁盛，昔推上海，今余周历二埠，细察情形，综言其消长之数：上海之商情涣，香港之商情聚。上海之商力微，香港之商力厚。上海之商本贷于人，其权为银行、钱庄所操；香港之商本出于己，其事为有司、律师所悉。一实而一虚，一先而一后，一隔而一通，一迟而一速。此胜负之所以相悬也。今沪上初设商会，傥能仿香港之法行之，则折阅、倒闭诸弊，或稍稍息乎？公所厅事悬醇邸小影一，众商为余言上年醇邸驾临时所照，请余亦映一照，以伸景仰。余允之，并勖励数言，致谢归舟。

保险公司

立商会

比较沪港商业

28,3,19

十九日　辰正三刻，英驻沪水师提督裴理治、副提督格伦非来拜。巳正三刻，英署督格思可言来答拜，寒暄数语，并谢昨日之宴。午初，裴理治遣小轮请阅兵船，因率梁诚、汪大燮、杨来昭、黄开甲、吴应科往焉。登舟，奏乐。船主史阁忒，带见各兵官，如申仪。询知船名台里勃而，船长五百四十英尺，宽七十英尺，入水三十九英尺，载重一万五千墩，马力三万匹，速率每小时行二十三海里，需煤二百六十墩。前后桅四支，有台二重。台储机器炮，所以击远，使敌船不得近己。船首安十二寸口径快炮一，弹子每重三百五十磅，每一分钟可三出。周以钢甲，形如龟背，俗称为龟背铁塔是也。甲内容四五人，机器灵敏。每出子，能以人力俯仰之，欲左右旋，则用电气运之。船两旁列六寸口径快炮十二尊。船舱凡六层。二层船主房、客房、餐房、将校房，皆极修洁。三层为水兵起居之所，左排长桌，每容十二人，各兵就食于此；右列长架，每格储卧具一，寝则舒之，起则卷之。近船首处为牢狱，兵有过则置此。四层无窗，白昼用电灯，知已入水。左右列长弄，长三百英尺。旁排列各炮机簧，以备炮位有损，立时修理。数武间有井，悬机以达顶，起落甚捷。五层有造冰机房一，馀以储火药，皆用铁柜，四旁皆储煤，以防受炮火发不遽及火药也。六层储水雷并发雷机炮，用时以气压之。又有皮筒，储空气以备用。水雷入水自行六千尺，在三千尺内速率甚猛，百发百中，过此则雷尾双轮为水力所阻，行稍迟，而炮线亦或有偏倚矣。阅竟，就厅

参观兵船

龟背铁塔

船舱六层

水雷

事茶叙。略谭，知此为英水师第二队，提督裴理治所统东方水师船凡四十一。快船皆狭而长，故行捷；铁甲船阔而短，故行缓。铁甲所以保巡、快、鱼雷各船，必相辅方成一队。此船为快船之冠，载水师九百人。水兵打靶，每百出可中八十。英、特之战，曾到非洲。前年到天津。三年更番调换，七日一出巡云。濒行，奏乐如初。未初，回公司船，启碇出口。

琼州大概情形

二十日　经琼州海。琼州一岛孤悬海外，府城北有口岸曰海口，与徐闻之海安相对，税务司设关于此，为往来要津。所属十三州县，环列海边，黎民盘踞中央。外为熟黎，恒与居民通贸易。内为生黎，性情犷悍，言语不通，不辫发，不纳赋，衣饰不分男女，行疾于飞，时出为患。水土尤恶，山木多槟榔，花开时瘴雾四塞，中之生疾。故自汉迄今二千馀年，黎洞老巢，人迹罕到。鄂督张之洞督粤时，黎民蠢动，张遣兵运巨炮，开四达之衢于山中，东西南北得以经行。自是瘴气差减，然无兵镇摄，行旅虑深入或遭不测，仍绕边县行。郡向有镇道驻扎，内以防黎，外以防海。从前规制，非不周密，特时移势易，火器日新，区区黎患，固不足言，海洋轮舶如梳，海盗亦无所栖托。慨焉远虑，实有出于所备之外者。案：琼岛西对越南之海防，北连高、雷之广州湾，势成犄角，而广湾处徐闻、澄迈两县之边，为自省至琼必经孔道，征兵运械，非此无由。是防琼之难，有百倍于昔日者。而或言由高州内地达钦、廉，山路平夷，便于陆兵往来，然非廉、琼驻有

琼州防务应有远虑

28,3,20

海军，台垒相望，岂易遥为声援？又琼州四面环海，浅水帆船处处可以登陆。近惟距府北十里海口设有税关，馀则散漫无稽。其地距新嘉坡约四千里，帆船御风而行，数日可达。闻印度鸦片萃集坡埠，半由华民趸买。其用轮运港以达内地者，固皆循例缴税，而在坡拆箱运至琼之南岸者，税司无从顾问。若仅售之琼州一岛，为数尚属有限，而沿海鱼船游行如织，往往携十数丸或数十丸，以达沿边各县村落，散无统纪，稽察綦难。及既入内地，不独流行两广各郡，并能转行他省，实有妨税课之一端也。昔有人欲于坡埠设鸦片总行，即以洋药离坡数目，准中国征税数目，设有不符，定属偷漏，即由总行赔缴。华商在坡者，俱已允从，因为港督所挠，指为越界稽征，遂作罢论，良为可惜。昨闻港埠绅商言：粤省近议创设烟膏捐，洋药进口后，由商人拆卖，核其煎膏之数，每斤纳捐若干，全省每年约得捐款一百二十万。粤督开导，商民颇形踊跃，可谓法良意美。盖收捐在拆包熬膏以后，固与约章并无关碍，而捐项虽出诸商民，实仍出诸买主。洋药膏收捐，则土药自当一律办理。膏价渐昂，贫民吸食者渐少，寓厉禁于无形之中，斯真修德行仁之事，固不仅有益公帑而已也。在都时，闻闽督亦经奏请在闽省抽收膏捐，议仿台湾章程，设立公司，遍行收买，迨熬膏出售，按价加捐若干。此则须筹巨本，且公司不得其人，流弊滋多，不如粤省之举重若轻矣。

琼州鸦片运售

二十一日　经越南海。越南一都四圻，其国及左右二

越南形势

圻为汉九真郡地。其北圻分十六道，为汉交趾郡地。其南圻分十道，为汉日南郡及占城、真腊二国地。当嘉庆间，法兰西在西贡立商埠，通贸易。同、光间，又开海防、广和为互市之所。光绪六年，法、越构衅，举兵入东京，为城下之盟，治越之权尽为法有，其国王拥虚位而已。舟行循顺化、广南、广义、富安、广和之东，又循平顺之南。富安北有阶英巴篟，南有杭海赫湾，广和南有刊兰海湾，皆能障风潮，停巨舶。又南曰倍达陇角，曰拉冈角，两角间有大港。平顺南曰芳黎湾，迤南有圭俄角，皆形势险要，为船坞胜地。法人经营越境二十馀年，租税所入，不敷俸饷之用，尚未闻有大支海军屯驻于此。然其形势，利修武备，见于其国人著论者甚夥，故他国商船亦罕往停泊。近法人防越，即募越人为兵，其视越已如身之使臂，不虞更有他变。而内地固与滇、粤接壤，滇省铁路指日开办，蒙自、思茅重门洞辟。粤之琼岛，复与越南隔海相望，越岸既便停舟，又与广湾一气联络。遥望珠崖，不禁心旌之摇摇也。

法人经营越南

遥望珠崖心旌摇摇

西贡形势

二十二日　经西贡港口。西贡，《真腊风土记》作雉棍，《瀛环志略》作柴棍，属嘉定道。港汊深邃弯环，与大沽相似，法垒林立，极占形胜，有兵三四千。其初法割南圻六道，设总督治之。其北为柬埔寨，即唐时吉蔑国。法先诱以属己，设巡抚保护之。自全越不振，法增设巡抚于东京，又并南北圻，而以总督统辖之，越人一举一动，必请命而后行。其货物、地基、房屋、招牌、贸易诸税之

28,3,22

外，复有身税。待华民尤苛，有岁征八九十元者。华民旅
居越地，共约三十万人，在西贡者亦五六万，以无领事，
辄受欺压，无所控诉，尚不若港、坡旅人之得自由也。越 论越南
南自五代时立国，迄今八百馀年。土产棉花、蔗糖、槟
榔、豆蔻、沈水、香楠，尤宜种稻，其沃土岁再三熟。脱
令君臣一德，施措得宜，外扼天堑之雄关，内饶树艺之美
利，讵不足以保世滋大，延之无穷？而乃篡夺频仍，内政 篡原作纂
废弛，海疆要隘先以畀人，卒至举国陵夷，空王徒托，亦
可为有国者之殷鉴矣。考其地西界暹罗。暹罗者，古扶南 论暹罗事
国地，赵宋时分为二，曰暹、曰罗斛。元至正间，罗斛兼
并暹国，遂曰暹罗。暹土硗瘠，而罗斛富于稻粱。今其国
王曰许勒龙冈，励精图治，慎固外交。尝命世子监国，躬
历海外者数年，不惮自抑，比于学徒，考求制造、水师，
殚精弗倦。尤善结纳，以俄罗斯居北徼，南交商务不通，
争端自鲜，而俄、法交欢，便于排难，故与俄相结尤深。
间以边事与法龉龃，终能出以和平，求合公法而后已。并
遣使臣至各国，聘问往还，从诸大国后，雍容坛坫，而各
国亦不以其弱小而轻之。且能自立海军，设险守国。故虽
东逼于法，西邻于英，而蕞尔弹丸，钟簴无恙，岂非务财
训农、讲信修睦之明效欤？夫自古求己之道，根于至诚；
与人之方，原于强恕。持此二义，乃能自存。《左氏》有
言："自求多福，在我而已。"极目山河，盱衡世变，据 盱衡世变
所闻见，连牍书之。

二十三日　过柬埔寨角之外海。其地当柬埔寨之东

南，婆罗洲之西北。

抵新加坡

二十四日　辰正，舟抵新嘉坡，泊公司码头。自香港至此，水程六日，去国日远，翘首觚棱，弥深轸辖。先是舟抵香港，得上海道袁树勋来电，称“驻坡代理领事吴世奇电禀坡督，预订设宴款待，请电覆”等语，余复电诺之。至是吴世奇并新派领事凤仪以小轮来迎，且称众商备行台于振裕园，请往少憩。巳刻，遂率参随、翻译各员，至官码头登岸。英兵排队奏乐以迎，应接如礼。登车，莅行台，接见粤省所派保商委员吴桐林，并绅商李清棡等。众商呈颂词二，颇极藻饰，爰告以“国家深仁厚泽二百数十年，声教所讫，莫不尊亲，矧皇太后、皇上轸念海外侨黎，屡颁温谕，若辈宜矢志忠贞，遇事力图报效，毋忘厚恩，是所切望”，诸商佥唯唯。午正，遂赴督署拜晤。署去振裕园不远，居土冈之上，嵩构崔巍，轩敞寥朗，文石铺地，清洁无尘。坡督史惠忒南迓于门，握手偕入，其中军、参赞及法领事介史惠通名谒见。坐谭片刻，史谓：“中国大局粗定，以目前情形而论，五年之内，可保无事，然必及此闲暇，明政刑，讲义理，修武备，始足为长治久安计。深望中国及早振兴，庶使列邦刮目相视，中、英方睦。敢为肺腑之谈，幸恕唐突。”余谨谢昌言，告以此次莅英，即拟考求贵国政治、学术，且游法、美诸国，咨询咨度，以备国家采择，有所则效。史韪之。少顷，就宴。马来王披而阿来同席，史告余此君居毕喇，明日登舟同行至英贺加冕。联坐移时，席散，辞归行

接见华商

拜晤新加坡总督

28,3,24

台。华商佘勉然请赴其花园游览。园为前领事、广东胡璇泽所建，今归佘氏，一名蔚园。琪花瑶草，万紫千红，陂塘逶迤，竹树萦拂。时甫暮春，池荷著花，虫声唧唧，绝似故园秋景，有感得句云："白华补入皇华咏，总是庭闱眷念时。"盖纪实也。佘闽人，居此三十馀年，以商务起家，急公好义，颇不忘本。近与吴世奇等议捐巨赀，欲集群力，建立孔圣学堂，以教寓坡华民子弟，具呈坡督，准转英藩部核议。有章程呈递驻英使臣张德彝，俟与英外部商定，即为入告。余嘉之，为奖励数言。归时，众商请游华民街市，俾遂瞻仰。余允之。周历数里，观者如堵，举欣欣有喜色。门前悬龙旗，结彩绸，栉比鳞次，旖旎生风，始叹比户可封，岂特尧民？即此海隅苍生，咸知回面内向，眷怀中国，源远流长，其来固有所自。由兹以往，所以培养而保护之者，宜何如耶！览毕，返行台，赴众商宴。查坡埠地居越南之南，其西北为麻喇甲，西南为苏门答腊，东北为婆罗洲。英人据此八十馀年。其地东西九千里，南北差狭。内山及附近各岛，茂材木，富铅、锡。植物有胡椒、蔗糖、椰子、槟榔，动物有文贝、象牙、犀角。华商旅此约三十万人，大都以矿业起家。其居累世、生兹土者，皆辫缀红纬，俗称为哇哇，犹言童子，虽髦不改。盖其系恋故国，虽壮不归，犹自托于童稚。其敦本思原之念，有足多者。惟不如香港民气之聚，睦姻任恤之谊薄。游民衣食不足，偷惰无俚，驯至行止失检，时见轻于他族。佘勉然等思有以格之，而未得速化之术。英例初不

华商佘勉然之花园

议建立孔圣学堂

游华人街市

新加坡情形

准华民练团自保，比以盗贼渐炽，许以百人为限，或者出入相友，守望相助，浇风庶几可革也。土民为巫来由种，约二十馀万人，黧黑野鄙，稚发跣足，性情尤惰，所营皆佣工贱业。土音戛黠鸠州，殊难索解。近虽有华英官设小学数区，而土人亦不与，鹿豕蠢蠢，其何能淑？英官治此，有辅政司、按察司以理民事，有水陆兵官以治军政。兵三千人，山南北皆有炮台，守备严密，而警务稍弛，竟日行，捕兵甚罕见，良不可解。宴毕，时已戌正，兴辞归舟。

二十五日　辰初，坡督来答拜、送行，领事吴世奇、凤仪、华商佘勉然等皆麇集，分别款劳。辰正解维，坡督及领事、商董犹立河干，余再三辞却，久之始退。时马来王已登舟。王冠绒冠，前后锐，有脊亘其上，缀以金络。短衣窄袖，有领，遍体金缕，两缕间杂以彩色。衣以下如西服。其始至也，家人、从官送行者甚夥，位尊者握手为礼，卑者则跪一膝，嗅王之足，以示亲近。妃妾以巾蔽面，有二孔露其目，衣亦饰金黄，以红袱裹体为裙。行李用杏黄色，有椟一、轴一，从官散，仍携之归，或曰此册宝也。按：马来即柔佛国，古亦称“息力”，今译为“巫来由”，或作“马来隅”。审其音，“马来”为近。新嘉坡、槟榔屿、麻六甲等处，本皆其国土地，别有文字，与埃及古文略相似，是其初非尽无文化者。今其国君有能名，游历欧西，广结纳，英人颇善视之，今且许以练兵之权，虽属藩封，不干预内政。近因南洋华民人众，聘请华

马来人衣饰

马来国情形

28,3,26

商专理其事，措置秩如，亦暹罗之亚也。

二十六日　午刻，舟抵槟榔屿。口外山势平衍，对岸北连大陆，本马来属地，明时为荷兰所据，嘉庆时，英人与荷国立约议租，岁出租银十万元，以九十九年为限。其开辟在新嘉坡之先，不数年间，市舶云集，为南洋巨埠。洎坡埠既开，更得地势，商货转运、停蓄，遂移于坡，而此岛天气清淑，林木茂盛，故商民乐居之。有华民二十八万，西人仅数百人。治事之官，系由坡督转派，职分稍卑，故例不拜晤迎送。全屿无炮台，无守兵，盖与各国约，不以此地作战场，视坡埠胜负为存亡，所以省防费也。华民权限，以此埠为最宽，有华议院，议员所议可者十居八九，视他埠相径庭。华民自相约束，至为严密。有公所，有公积之款。有游民入境则拘之，教一技令自营生，俾足自给而止。有废业者，集资使归里，终身不许再至。法良意美，其不为他人所挠而终能持久者，有以也。未刻，下碇，副领事、道员谢荣光等来谒。此间领事，向由商人兼充，驻英使臣派定后知照英官，月给薪水百金，并无公费，仅以保旅民、通情意而已，无文牍往来，非使臣有所询问，则亦并无册报云。余于未正登岸一游，申正返舟，戌正启碇开行。

槟榔屿情形

华民权限最宽

商人兼充领事

二十七日　舟过马来新埠。闻槟榔屿南有地名拔退维亚，系荷兰属，向为华人所居。当雍正、乾隆之间，荷人敬礼华人，深为周至。有经商过其地者，荷人恒以船出迎三十里外，声炮相接，款待殷勤。乾隆十四年，驻拔退维

拔退维亚华人地位

亚荷官因事激变华民，旋用兵攻杀华民十馀万人。荷主大怒，立拘荷官，牒告闽、粤总督，谓：兹事重大，敝国殊怀悚歉，现拟办法有三：一、将荷官送中国惩办；一、按荷国律自行严办，请中国派员监视；一、请中国委员，会同鞫罪办理。乃闽、粤两督答以牍，佥称华氓既居海外，即非中国子民，如何办法，未便与闻。荷主乃大轻华人，礼貌顿衰，至今遂益加藐视。夫人必自侮，而后人侮之，天下事焉往非自取耶！午刻，舟经麻喇甲海峡。案：麻喇甲别名玛雷，原系玛雷族所居之地，物产金、铁、花椒、树胶、香料。其民身矮面黑，性情虓悍，轻犯律法，海盗极多，幸英人管束綦严，尚不至有碍商贾。余闻近时闽粤洋面寇盗充斥，有司治捕，几穷于法，商民恒苦之。夫善捕盗者，非必称良有司也，乃即此已不可得，然则当事者盍揣其本欤？

麻喇甲即马六甲

二十八日 舟行印度大洋，颇簸荡。按：印度为古天竺国，一名身毒。其与缅界毗连者，为东印度。枕倚雪山者，为北印度。跨印度河、距阿富汗而近者，为西印度。其入海之处，为中、南两印度。地形三角，为方里者一千一百五十六万二千七百有奇，户口约三万万。自汉时即通中国，汉武帝遣使从西南夷指求身毒，明帝遣使天竺问佛道法，是其显证。嗣后唐太宗、元太祖屡次用兵印度，史不绝书。明建文时，西域蒙古王撒尔马罕征服印度。至嘉靖时，五印度国尽为蒙古役属。当是时，蒲萄牙已至其地，开商埠，通贸易。荷兰继至，夺锡兰岛，开港通市。

印度情形

中印文通

28,3,28

至万历二十八年，英人始设东印度公司于孟加拉，独擅商贾之利。自是厥后，印度诸部渐背蒙古自立。迨国朝乾、嘉以来，英人大发兵击印度，囊括席卷，遂跨五印度地，无复敢与相抗者。于是英议院建议以印度为英政府所辖，置印度事务大臣，专任防守诸务，并置参议官十五员，总民政，造铁路，设电线，建大埠三：一即孟加拉，一曰孟买，一曰曼打拉萨。其馀如锡兰岛、信地诸部，亦俱戍以重兵，镇以连帅，其君长仅衣租食税而已。孟氏有言："小役大，弱役强，天也。"吾以为虽天道，而实视乎人心。何者？人与人之相处，国与国之相际，力焉而已。力相角于外，而智以为之干。智者所以济力之穷，要以伸吾力而自强也。今印度之人，无贵贱，无穷达，咸闭聪塞明而莫自觉，是智困也；因循惰偷，凡事束缚而永弗能自拔，是力困也。智、力俱困，而犹熙熙然相安于无事，是心死也。如印度者，可以鉴矣。

东印度公司

英治印度

以印度为鉴

二十九日　行印度洋，舟仍颠簸。查西历一千八百九十七年，印度国债多至三万万三千二百三十三万九千零二十八金磅。是年岁入之款共九千五百六十七万六千八百金磅，岁出之款共九千八百十四万零八百金磅，总而核之，出入相抵，犹虞不足，国债将无所取偿。乃非特不忧竭蹶，且日见其赢馀者，则以握商战之利，而收税理财之法特敻绝也。查是年印度出口货值计一万万零八百九十二万一千五百九十一金磅，进口货值计八千九百一十八万八千五百一十一金磅，出入相抵，国民可多得二千万金磅之

印度收税理财之法

数，约合中国一万万六千万银两之数。推原其故，由于尽免出口税，而重征进口税。盖土产免税，则商贾踊跃而货价贱，货价贱则销畅广。物产丰饶，利以倍蓰，胥基于此。此隐用鼓舞之法也。至于收税之制，贫富宜有分等，必使富者多出，贫者少出，既公且均，庶巨资可以立集。今重征进口税，则货价昂，货价昂则买者富人多而贫人少。灌输出于不觉，且税加于货价之内，并非抽自卖者之手，则商贾亦无裹足之虞。此隐用平均之法也。印度以此二法交相为用，故下有馀而上自足。国债虽多，而经制不匮，其道繇此。然则英人之善营商务，于斯亦可见矣。

英人善营商务

三十日　舟颠簸益甚，殊困惫。案：印度为佛教所自兴，汉、唐以来，传播中国，可称极盛。自阿剌伯回教兴，印度之民又从而奉之。近则天主、耶稣教与佛、回并传，入主出奴，迭相轩轾。论者谓教门盛衰，可以观世运之升降，国俗之强弱，斯言颇有至理。盖佛氏之学，以清静慈悲为宗，回教坚忍，得以代之，是犹老、庄之后必为申、韩也。天主、耶稣，又于佛、回两教之外，别树一帜。其言弥近理，而稍附以格致之说，则虚实之机判，而胜负之数将有所归矣。夫天下之事，莫患乎舍实而求虚。中国圣人之道，大而能博，函盖万汇。顾其微言大义，要在乎开物成务，实践躬行，经纶参赞，以辅相天地之不足，而使万物各得其所。斯其所以为真体，所以为实用也。乃今世士大夫，必欲遗其实而课其虚，逐影寻声，沾沾自足，驯至世运、风俗滔滔日下，孰谓非圣教之沦胥以至斯极耶！

印度宗教变迁

天下之患在舍实求虚

28,4,1

英轺日记卷三

四月初一日　辰刻，舟抵锡兰岛之格仑埠。岛在印度东南，地势平衍，别无岛屿环抱，不足以障风潮，盛夏风起，累月不息。英人以塞门土筑堤海中，长里许，留口门为轮舟出入处。水激堤岸，高寻尺，形如瀑布，而堤内水势甚平，便于杈舟。巳刻，下碇。知英驻格仑长官已归国庆贺，其代理者亦以出巡离埠，余率参随乘公司小轮登陆，坐马车至英官署，投一刺。南行至澂淀，游古佛寺。寺去码头二十馀里。傍海边行，林木夹道，葱茏翁翳，新蝉一声，掩抑树杪。道左民居隘陋，三五错落。其民黧黑，与巫来由同，童稚裸体跣足，逐车喧呼，或徒手，或折道旁草花以献，伸手攀辕，意在乞钱，与之则十数成群，叫嚣益甚，知编氓之穷蹙为已甚矣。行十数里，有小铁桥一，桥堍有卡，每一马车收税二罗比。过桥，参议梁诚谓余曰："时已过午，请先至客馆午餐。"馆在寺南数

抵锡兰

海堤

游佛寺

武，西人所开，以待逆旅。至则主人候于门。馆本因阜为屋，两面临海。推窗远眺，浩渺无涯，海风泠然，与涛声相赠答，觉生平游钓所经虽多幽胜，要无此雄阔也。饭后至开来南庙。庙宇卑狭，中有卧佛一尊，长二丈许，又侍者二尊。佛龛四周，绘画天堂、地狱种种鬼怪。画工朴拙，殆亦武梁祠画像之亚。佛殿后有白塔一座，僧人指为释迦牟尼真身所在，则此固佛氏入涅槃处，非降生之地明矣。僧人出贝叶经相视，因购之。梵文连环，旁行斜上，两端有孔，以备贯绳。叶香如檀，边微黑，如火捺。或曰香由熏入，日久则灭。比出庙，有沙弥亦以其叶献，其香远逊，知工候有深浅耳。兴尽归舟，时已申正，甫见西人乘马车、脚踏车络绎往。盖以中午烈日可畏，迨日落风来，始出而散步也。车经平桥，桥下有铁道。适火车至此，横穿车下过，两无所碍。酉初，易坐奥士地利亚轮船。班哥尔船主来谒别，盖班哥尔船明日当开赴澳洲，特来作别。余以其同舟半月，款接颇殷，循西例以樽酒相谢。渠亦把盏拳拳，握手而散。奥士地利亚船宽与班哥尔船相等，长三分之一，载重六千九百吨，马力一万四，每一小时行英海里十五有半。

贝叶经

初二日　辰刻解维，舟西行，过印度可么邻角，为印度极南尽处，过此则经印度之西矣。风稍平，浪较前数日略定。午后至舱面小坐，马来披而阿王适至，略谈片刻。言前此曾至欧洲，时年少，精力盛，尚不觉苦，今年五十有五，连日风涛，颇为疲顿，归时拟假道美洲，经日本而

马来王

28,4,2

归，虽程途较远，而天气差凉，且可免印度洋盛夏狂飙之险。又言南洋小国，俄人窥伺已久，幸有中国介乎其间，至今犹得自存，惟外交之难日甚一日，颇望中国振兴，得保东亚太平之局，海隅弱小实受其福，云云。王此行以一子自随，既以观礼，且借此通声气、习外务也。其关心时事如此。薛福成《出使日记》称其有能名，善酬应，固不虚矣。同舟西客甚夥，相遇之际，观其神色，似矜，似慢，似讶，以视班哥船诸客，情形迥不相侔。或曰：此辈久居澳洲，大半以路矿农商起家，今虽席丰，昔非世族，故未娴仪节，举止多疏，又习见赴澳华工所执大都贱役，几不知吾华人声明文物有去古未远者，故似矜。或曰：驵商大贾者流，浏览报章，观盛衰之粗迹，久已心与俱移，当此时异世殊，未免意存歧视，故似慢。或曰：中国古礼既湮，《玉藻》九容，达人视如土苴，起居动静日益傀焉，外人目所未经，故似讶。之三说者，皆所谓知二五而不知十者也。我之视人，其疏略处我得见之，则试思人之视我华工何如矣。市侩下走，泾渭分明，则试思士夫之视我何如矣。动容远慢，古之训也，而则象无闻，则试思我之自处何如矣。拘墟之士，足不出户庭，目不见眉睫，訑訑自大，顾盼奓然，讵知人之遇我有如斯者！兴言及此，能无三叹？抑余更有进焉。曾氏曰：“出乎尔者，反乎尔。”孟氏曰：“敬人者，人恒敬之。”凡人之好荣恶辱，畴不如我。履霜坚冰，殆非朝夕。是以古圣贤于下民之侮，警以绸缪；横逆之来，要以自反。然则人之似慢、似

同舟西客神色

矜、似讶者，皆我之药石也。择善而从，不善而改，道在能自得师者。

道在能自得师者

初三日　舟西北行。同舟有英律师某来谒，略道寒暄。薄暮有风，舟荡。舱中闭窗，闷热已甚，至船面小坐。英律师来就余谈，自言在缅甸十年，现因新君加冕，请假回国，并询余归途能赴缅一游否。告以将来当赴美、日，由东回华，不经此地。渠谓：惜班哥船不抵缅，否则乘此一游甚佳。缅境约有华民三万人，极善经商，尤惜声誉，甚望中国有显者过其地，为旅民光，傥使节枉临，则竹马儿童不知若何欢跃也。余谓：中国人民繁庶，旅居海外，亦善谋生，惟人数既众，恐不免良莠不齐耳。渠谓：在缅华人颇知自好，商务亦殊可观。近所习皆上等业，苦力、贱工俱不屑为。前时英人欲赴新嘉坡购东洋小车二千辆，携缅行用。华人闻信，集公所会议，自禁挽车营生，竟无一人充是役者。可见日用充裕，得以力争上游。近有赴英读书得文凭充律师与英律师相颉颃者，英人雅钦重之。询以华商中有能名、号魁杰者几人，能举其姓名否？渠沉思久之曰：有陈德、顾超者，颇知名，忘其籍，馀不能备举云。余闻之无任欣慰。以余所见英埠华民，整齐殷轸尤以槟榔屿为胜，车行半日，无徒手鹄立于闾苍间者，然不免于挽小车为倌人，则又不若缅境华人之能自振拔矣。缅地素无华官，缅属英后亦未尝设领事，派委员，为之代达其隐，乃其人虽离乡去井，犹能善约束，为旅民冠如此，而内地之民，转致鬻身美、澳，供贱役，受驱迫，

谈缅甸华人

缅甸华人能自振拔

28,4,4

群趋之而不辞，岂民俗之偷、民生之蹙，有不能挽救者欤？抑教养之道未尽善欤？愿以质诸治民者。

初四日　舟仍行印度洋，风大簸甚。舱中皆阖窗，天气郁热，夜不成寐。侍者为推窗纳凉，方就枕，浪自窗槅泻入，直达卧榻，衣褥尽湿，积水盈尺。幸毗近参议梁诚房，频呼之为唤西侍掩窗畚水，梁诚更为布置一切。余急趋渠室易衣。自维薄德，深懔鹈濡。摒挡甫毕，假榻欲眠，不觉东方之已白矣。 风浪袭人

初五日　舟簸如昨。晨起，知参赞汪大燮房亦遭水困。盖汪房在舟右偏，窗牖面北，风自南来，竟夜闭窗，热不可耐，天明令西侍暂启，以泄蒸郁，不意舟侧殊甚，洪涛一涌，遂类载胥。其毗邻西客，先后一辙。自是转相告语，咸有戒心，无复敢尤而效之者。余因叹人情狃于目前，忽于未至，事非身历，则冥然罔觉；境过情迁，则淡焉若忘。覆辙相寻，往过来续，胡弗即小见大，一借镜于舟中人也？

初六日　仍有风。未刻，舟经索可特剌岛北。山势嵯峨，俯瞰狂澜。沿岸浅沙，一望弥漫。四边濒海，童山不毛。内地居民盈万，皆阿剌伯种。本为阿剌伯属岛，近隶英国。长六十海里，阔二十海里。舟经山北，风为山障，波浪顿平。戌刻，至岛西尽处，飞廉复肆，波浪重生。忆薛副宪福成《出使日记》言自此岛至非洲山角，沉沙聚散靡常，昔有德国轮船搁浅而坏。黄道开甲为余言：阿丁左近数千里之间，海底暗礁尤多，前五六年，英有公司船 索可特剌岛

触礁，伤人甚众。事因搭客有以初度之辰，开樽宴客，而船主在焉，其大副代掌舵。顷之，海程当转舵易向，使人请船主。船主方执盏作颂，不暇辨久暂，正酬酢间，使者三至，船主仓卒登舵楼，舟已入礁界，竟被毁。自是船主例不饮，偶饮则管事及侍者记其数，以报公司云。或曰：其大副若自改向，当可免。曰：然。然无船主命不能也。西例事无巨细，必以一人为之主，其亚焉者奉令而已。其法如此，故其行事无诿无争。余因思“平等”之说，始于佛氏，而欧西之民，或变其名曰“平权”，又从而推阐之，谓之“自由”。迄于今，“自由”之说几遍寰宇，结党援，立会社，以与其国家为敌。而吾观西人之治事，则事权归一，条如秩如，无有越俎代谋，以纷争而偾事者。其与“平权”之说，何若是相反也？盖尝探其本而论之：凡民有血气心知之性，尔我形骸之隔，即不能无争。争者，施夺之渐，而乱天下之阶也。圣人思有以平天下之争，故为之礼节以范围之，为之少长贵贱之名以统率之。凡此皆所以尊万事之权，而息天下之争也。权與天地既祛，世无论为帝、为王、为霸，事无论为大为小、为内为外、为兵刑、为钱谷，要未有不尊权而可以集事者。权壹，则事有条理而根本立强；权分，则事无统属而根本立脆。此千古以来治乱之大较也。唐、虞之世，元首经略，股肱缉熙，讴歌讼狱，固视民心为转移矣。然六府三事，官惟其人，不闻耕田凿井之夫，可以抗后稷之权；五宅三居之民，可以排皋陶之权也。孔子系《易》曰：“本乎天

论自由平等

西人事权归一

事权为千古治乱之大较

28,4,6

者亲上，本乎地者亲下。卑高以陈，贵贱以位。”此即差等之说也。春秋之季，太阿倒持，大权下落，贱妨贵，少陵长，是以有子首以犯上作乱为戒。夫犯上之与作乱，宜有间矣，然而犯上即为作乱之本者，由其目无君父而意在侵权也。孟氏子出，论差等之学，尤为精核。无论汉、唐以来，圣君贤相于此咸兢兢，而世儒必乐为平等之说，借以自便其私，辄谓西人讲平权，贵自由。不知欧洲之人，颇以尊亲爱戴为心。即议院之中，各抒所见，而一人主持于上，从无敢以私臆窥测而阻挠之者。斯固不得谓有平权之说。至于出入有节，作息有时，游惰有罚，身家财产皆有税，偶有作为，必闻于官，循蹈矩矱，更不得有自由之时。至其管事也，一曹必有米儗斯忒，犹我六官之尚书也；一省必有肥司来，犹我各行省之总督也；一陆军必有洎乃粒尔，犹我陆路提督也；一海军必有阿特善粒尔，犹我水师提督也。推之合众、联邦有总统，联军有统帅，一公司、一银行有总理，彻上彻下，必畀其权于一人，而后纲举目张，不至散无友纪。盖权所在，即责所在，而等不定，则权亦不定。不特上下数千年，即纵横亿万里，天下万国，亦无有不断断焉惟差等之是辨者。天王、海王、五星、地球之有日也，五官、百骸之有主脑也，营建、制造之有重心也，皆不可须臾离者也。然则曷为言平等？曰：国与国，君与君，水火工虞，凡不相为谋者，可以言平等也。然而犹有伯仲焉，有先后焉。此人事必然之势，即天理自然之数也。如必将佛氏出世之教、无为之宗，以施诸

差等之说

西方无平权自由

惟差等之是辨

不相为谋可言平等

纷纭繁赜之世，必不能矣。是故吾愿上之人深明斯义，植忠恕以为心，毋擅作威福，以启陵下之渐，更愿下之人深明斯义，各尽其职分之所当为，毋存出位之念，以长傲上之萌，则庶乎国家可几而理，而天下之莠言将不辨而自息矣。

初七日　风平。午刻，望见舟左有山，知已入瓜达夫伊角。自此南望，非洲沿边峰岚起伏，绵延不断。炎暑逼人，微飔俱绝。申刻，忽闻气筒三响，大副自舵楼下至舱面，水手腰缠救生圈，纷纷趋前。大副发号，则跃入三舨，解系绳，悬而下。又发号，则跃上，仍系绳复初而散。舟客延颈相望，疑有人误入海，及水手散，始知为操演。盖轮船行海，凡遇险则响气筒，水手毕集。平时演习口号，以免临事或误。此次所演，自响气至三舨入海，不过数秒，可谓速矣。公司船每七日中，必演一次。班哥船击钟以集水手，皆在天明时，未得寓目。此船以今日风定，故以气筒为号，俾搭客不至惊疑。此可见船主号令严明，无敢忽懈。积威之渐，在于平时，苟有慢心，必致贻误。西人差等之用如此。

船上演习

西人差等之用

亚丁形势

初八日　卯刻，舟抵阿丁湾。阿丁本为阿剌伯也门部地，两山对峙，名哲贝尔，东即阿丁，北接大陆，三面环海，即《明史》所载阿丹国也。道光十八年，英人据之，建炮台于山麓，暗台棋布，非典守者不知所在。其始筑时，工过半，有工人售图于法，惧而逃。英人觉之，尽毁所筑台，度地势更筑之。及其成，历五年之久，费至八百

28,4,8

万磅。炮线俱成交点，密于数罟。南山之炮，远及非洲。盖此为由欧达亚必经孔道，西入红海，南距阿非利加之索谋里兰海岸仅四百馀里，最得形势。故英不吝重赀，密为经营。有陆兵二千、兵舰一艘驻此，其备御至周密也。舟至此，舣海中，差近西岸，炮台声炮二十一。少顷，英副督来谒，言提督卧病，遣其恭代。兵舰管带官亦来谒，言兵舰适卸炮上煤，未及声炮，深为抱歉云。湾内有法公司船，先我舟到此，未几即开。闻自孟买来，中途遇大风，其大副堕入海，营救不获。英亦有公司船自孟买来，当先我船到，迄未至，知亦遇风。公司例，孟买船至此，即赴非洲别埠，有客货及书信，应由格仑坡来船接载赴英。彼舟遇风，此舟当守候两日，故舟客颇惶惶。待至申初，孟买船始抵湾。船中有印度信地部酋，亦将附此舟赴英贺加冕者，炮台亦声炮致敬。戌刻，信地王过船。亥刻，解维。

由欧达亚必经孔道

初九日　舟行红海。海面狭而长，南北二千馀里，东西最阔处约六百里，斜倚小亚细亚、阿非利加两洲之间。东南有小岛，曰丕林，亦属英。两岸山皆赭，故名红海。印度信地部酋来见，所带员仆二十馀人，内有西仆一人、华仆一人。所辖地甚隘，有抚民权。比请于英，准养兵二三百人以自卫。衣服都丽，徒饰外观。盖英予以中军之衔，封之爵，比于骑都尉，而颁禄甚优，故犹侈然自大云。案：印度地当温带之南，地产饶沃，三面濒海，富鱼盐之利，设有魁杰之才，生聚教诲，则官山府海，岂不足

红海

印度信地部酋

印度臣服他邦

以自存？乃始臣于大夏，继臣于大月氏，又臣于大食，又臣于突厥。自巴卑尔取特里，称雄一时，则又臣于蒙古。自英吉利、荷兰、葡萄牙、佛兰西先后入印立公司，设计兼并，卒为英有，则又臣于英。二千年间，碌碌依人，文德武功，一无足纪，岂释迦牟尼之教有以弱之欤？抑其人民质蠢神昏，不能以自振欤？今其土部酋长大小以百数，皆衣租食税，受治于英，而其酋犹互相争胜，以夸耀于人。英例，凡君长及王公贵人出境，其兵船、炮台皆声炮致敬，而其数止于二十一。乃土酋争长，英以绥服藩部之故，增之为二十七，又增之为三十一、四十一，递至于百声有奇。而英乃反诘以既尊英君为印度皇帝，设宰印，其为炮当几何？乃定其数为千有一，将一船一台之地，虽尽日而不能毕矣。比闻有二酋，负富名，亦以贺加冕赴英，各专赁英轮一艘，候行止计输直，所携者百馀人，往来一二月，合其所糜金钱，殆足以自治一舟。其穷大失居，夸多斗靡，尚虚文，忘实祸如此，此印度之所以为印度也。吁，可叹哉！

碌碌依人

印度土酋争胜

初十日　舟行红海，经阿剌伯麦加城。考阿剌伯汉时为条支，唐时为大食。当隋、唐之际，其大酋谟罕蓦德创回回教，自号大教师，信从者众，乃东灭波斯，北击拂箖，西据埃及。自是浸以强盛，纵横于葱岭西南及红海、地中海之间，传世数十。其后波斯、西突厥相继复国，而大食始衰。洎乎有元之世，拖雷、旭烈叠次西征，遂平西域，而谟罕蓦德遗种居麦加者，犹存旧号，《明史》所称

阿剌伯史

28,4,10

默伽国是也。今其地已沦于土耳其，而奉其教者千载如一，不特土耳其、波斯、阿富汗、俾路芝本回教国，如印度、如埃及、如南洋诸岛，其民生炎方，盛夏不免冠盖。其俗非祀天，不露顶。所聚建寺，曰清真寺，有堂，七日一礼拜，与天主、耶稣教同例。堂有教师，谓之阿哄，生死婚嫁，必延阿哄为洗濯。不与他教人昏配，不吸鸦片，不食猪肉，避“猪”字音读如“黑”。其气聚，其性情坚强不屑，与他族或他教斗，宁死不受辱。其民自唐至德入中国，遗种蔓延，各行省皆有之，而西北尤盛。驿站所有骡行客店，大半回民。故其行旅便捷，声息相通。而秦、陇之间，汉弱回强，汉贫回富，汉惰回勤。咸、同以来，屡次滋事。当轴为息事宁人计，强勉拊循。然汉、回逼处，各分彼己，商业、地利，皆足以启争端。而汉民奉天主、耶稣者，又自相龃龉，授人以隙。平时排难解纷，调处已难得当，设有聚众情事，数千里间，云集响应。以俄之强，其与土战，尚不能无败，则可知回民之猛悍虓豁，未易辑也。

回教

回民难辑

十一日　过红海，入埃及境。北有大山，曰西乃山，相传系摩西以十诫立教地。考埃及系西方最古之国，建国之始，在吾华帝系以前，狉榛初辟，民以畜牧为生。西人纪载云：犹太之祖携后嗣入埃及，延及数世，生齿滋繁。王惧其生衅，强令为奴。越四百年，摩西兴，率犹太族类俱归其国。至周景王时，为波斯所并。迨显王三十九年，希腊王亚勒散德克而取之，建大城，命以己名。汉时降于

埃及沿革盛衰

罗马者数百年。唐初，谟罕蓦德创回教于阿剌伯，埃及与接壤，遂为所夺。都城大库藏书七十万册，尽为回部人取以析炊，文明浩劫，较之咸阳一炬，无以过也。自后遂为回回部落。明时，土耳其强盛，并入版图，镇以大酋。嘉庆时，法王拿破仑攻克其地，遣兵驻守。越三载，复归土辖，设立总督。道光时，土督阿里举兵叛土，旋复平靖。同治五年，土国始令埃及岁贡为藩封，君位传子，世守弗替。光绪四年，埃及财政匮乏，英、法两国各遣员往治其赋，于是埃及理财之权，遂归他人掌握。综其沿革盛衰之迹，大略如此。余因谓财政一事，国家命脉攸关。然既欲师人之长，去己之短，则必详求其始终本末之数，务在能用人而不为人所用，夫然后行之而著，措之而宜。若性习苟安，目见表准而不能赴，及事出于不得已，乃欲专借他人，以为立命之地，其不至反客为主者几希矣。如埃及者，非求师之咎，实不学之咎耳。

务在能用人而不为人所用

十二日　巳正，舟抵苏彝士河口。天气骤凉，可著袷衣。午初，有西医来验疾，以防疫气传染。诸客坐候于饭厅，医至则以次唱名，诸客陆续登舱面，谓已验讫，盖西人缘饰之事亦复如此。午正，启碇开行。案：苏彝士故沙漠地，为亚细亚、阿非利加腰脊交界之处，旧属埃及总督所辖。北界地中海，南界红海，中间陆路长二百三十八里。此河未开时，欧洲诸国东来，皆从大西洋开行，沿阿非利加西岸，南行至好望角，乃转而东北，浮印度海，入苏门答腊葛留巴之巽他海峡，又东北而至粤东，计程七万

苏伊士运河

苏彝士即苏伊士

28,4,12

馀里。同治年间，法人雷赛朴斯用机器凿成斯河，计长二百八十七里，宽六丈，深二丈六尺，为费约一千兆。嗣是由地中海径通红海，自欧至亚计省水程三万馀里。功高带砺，法王特锡男爵以宠荣之。雷赛朴斯晚年，又欲凿通南北美洲连界之地名巴拿马。该处以一线界隔两海，阔仅一百二十里。西人常谓能将此土疏为海道，则东西两洋混为一水，挂帆而西，径抵中国东界，亦可减水程三万馀里。雷赛鸠赀疏凿，功未及半，因用人失当，股赀俱为所吞，遂构讼法廷，诸蚀款者贿法政府，讼以不理。今雷赛殁已六七年矣。当其中年，建古人未有之绩，名动一时，迄乎末路，暗于知人，有志弗遂，身名几为所隳，岂其明于初而昧于终欤？抑其暮气有以中之也？今闻巴拿马开河公司尚未辍业，而美人则拟由尼加拉瓜、瓜斯得利加之间另凿一道。巴拿马公司闻之，惧利为所夺也，愿将前数年已竣之工购于美人，以工费过昂，至今尚未议定云。（雷赛朴斯开凿运河）

十三日　寅正，舟出苏彝士河北口，抵波赛暂泊。辰正，起碇开行，进地中海。登舱面纵览，与参议梁诚暨诸参赞等议论全球关系。余谓：地中海网络欧洲，北跨小亚细亚，南临阿非利加，阿剌伯居其东，埃及居其南，希腊、土耳其、奥地利、义大利、瑞士处其北，法兰西、西班牙、葡萄牙控其西北，斯实地球一大关键也。俄居北漠，由波罗的海绕出西洋，必假道于德意志，路颇纡远，遂欲南瞰黑海，逼地中海，大出舟师，以争一日之胜。于是英、德诸国，联盟约从，巴黎之约，义声昭著。土既得（进地中海）（议论全球关系）

以自存，奥亦周旋玉帛，分画鸿沟。彼此不稍侵越，欧洲大局借以粗安。俄遂暂缓西封，亟勤东略，修造悉毕尔铁路，逾兴安岭，循黑龙江，溯乌苏里，以达珲春、海参崴，昼夜经营，不遗馀力。由是我满洲一区，尤为全球关系矣。比闻东方铁路不日竣工，而俄人所租之旅顺、大连湾，泊船便利，又复声势相通，联络一气。窃尝以欧、亚二洲形势互相比较：黑海为地中海之犄角，欧洲安危宜注意于此。黄海为南洋之锁钥，亚洲安危宜注意于此。然使东陲有事，则太平洋惊波亦且不测，西南诸邦讵能安枕？夫盈尺之雪，沍于繁霜；累丈之线，起于微点。剥床之惧，有由近以及远者，殆无彼此之殊也。午后，舟经阿勒散得力亚，为埃及海口，即从前波斯王阿勒散得所建故城。自欧人得由好望角入印度洋之道，该口商务日衰，赖开苏彝士河，渐复旧观，居民由三万增至二十四万人。

满洲一区关系全球

十四日　舟行地中海，入希腊境。考希腊北界土耳其，东南即地中海，长六百五十里，广五百里，总计方七万里，户口约二百万。其地洲屿回环，颇擅奇秀。当中国有商中叶，有洒哥落者立国于雅典，教民礼仪，始制文字，欧洲之开通文学自希腊始。汉时，罗马方强，力征经营，希腊各国均隶版图。后罗马分东西，希腊属东罗马，为回部所侵，日就衰弱。土耳其兴，灭东罗马王，以兵取希腊，据有其地四百馀年。嗣后土政苛虐，雅典之民不堪命，嘉庆二十五年逐去土酋，土人以兵攻之，雅典坚守不下，英、法、俄三国壮希民所为，各以兵拥护之，土无如

希腊盛衰

28,4,14

何，遂听其自立为国云。是晚经刊地亚岛。是岛一名克利 克里特岛
得，亦土国属地，为希腊种人所居。前数年，希腊人诱之叛土，与土兵战不利，英、法、俄、德、奥、义六国出为调停，准刊地亚自主，以希腊世子为该岛巡抚，土王得居简派之名，人心始戢。余案：刊地亚居阿勒散得力亚之西，地当冲要，实为地中海门户。为土国计，诚能以重兵驻守此岛，即足扼希腊之吭，而握东南之形胜。乃抚绥无术，卒为他人所劫持，削也滋甚，重为惧然。亥初刻，同舟为跳舞会，船主请往一观。 跳舞会

十五日 舟行地中海。天寒甚，可服重裘。洋报载南美洲法国属地马的尼岛，本属火山，忽于数日内震陷，居 火山
民死者四十馀万人，各国遣船往救，未至其地数百里，飞煤积船面盈寸。浩劫如斯，闻之累悒。地理家推测，谓火山陷，则本年五洲气候均将失其常度。余案："风自火出"，著于《易象》。盖火散阴生，古书已有此说。至火山原为热潮所自出，山陷则热潮逆流，热度顿减，寒度递增，故地之相距近者气候改变甚速，相距远者则气候改变较迟，亦自然之理也。酉正，舟抵不邻底西，为义大利属，居民仅数千。沿岸即火车栈，人语喧阗。见华人服饰，哗然聚观，宵分始散去。案：不邻底西南为细细利 西西里岛
岛，居民约三百馀万人。昔属希腊，继归罗马，称细细利国。后以行政苛暴，率为义大利所并云。

十六日 舟行地中海义大利境。案：义大利为欧洲 意大利盛衰
古时一统之国，即汉时大秦国也。东北界奥地利，北界瑞

义大利今意大利

士，西北界法兰西。其地谷麦蕃熟，风景清嘉，名园佳卉，点缀丽瞩，西人称为胜地。周以前，为土番散部。自罗马崛起，国势浸强。至西汉时，跨欧罗巴、亚细亚、阿非利加三洲之地，兼摄统辖，弱小诸邦并修职贡，建都城于罗马。晋时，又建东都于黑海之峡，曰君士但丁。厥后内讧迭兴，西北诸部拥土自立，国分为二：居罗马者称西王，居君士但丁者称东王。东王至明景泰时，为土耳其所灭。西王在南宋时，为北狄所灭。越三百年，法兰西取之，以奉教王。后又分裂，为日耳曼属。嘉庆十年，法王拿破仑攻略其地，为法藩部。十九年，拿破仑败，诸国遣使会议于维也纳，分其地为九国。道光二十八年，奥地利以兵力取义大利北部之威尼斯、伦巴多。咸丰九年，北部诸邦联法叛奥，中部亦复震动，罗马乘机逐去教皇，法人以兵戍之。洎同治九年，法败于普，召回驻兵自守，义王于是进据罗马，建以为都。比时国颇忧贫，惟悉力治舟师，甚称坚劲。申初，过默西纳。有塔崔然，日色霞光，吞吐缭绕，足资延赏。其南为挨得纳，北为委苏维俄，皆火山也。

十七日　舟行地中海，有风。余考罗马昔称教宗，萌芽于东汉之时，传播犹未甚广。迨宋时，为北狄所据，驻罗马之教师乘机宣布，由是天主教兴。主教者称为名教化王，徒众日繁。法兰西既灭北狄，爰以其地奉教王。王殁，则大会各教士，公议推老成者一人嗣位，略如西藏喇嘛坐床之例。其教曼衍各国，有不遵者，辄夷灭之，权势

罗马天主教

28,4,17

日盛。至明时，日耳曼人路得别立耶稣教，称为正教，斥天主教为异端邪说。于是诸国渐归耶稣教，教王之势顿衰，然犹欲借传教之徒党，侵各国之政权，其志未尝一日忘也。余案：吾华受传教之祸亟矣。从前总理衙门因天津教案，曾定教务办法八条：一、收养孤孩，应行停止；二、教堂祈祷时，不应男女混杂；三、教士不应干预词讼，侵中国有司之权；四、教民滋事，曲直须由地方官作主，不得有所袒护；五、教士护照须载明经由地方，不得任意遨游；六、奉教者须查明来历、身家；七、教士与地方官往来，应有一定礼节，不宜妄自尊大；八、古时教堂基址既成民居，不得任意索取，致侵平民产业。此八条毖后惩前，最为公平精审。乃照会各国驻使，俱不谓然，事遂中寝。比年以来，教案层见叠出，驯至酿成巨祸。向令此八条早日颁行，不独吾华实受其福，即西人亦何至迭被余殃？言之可叹！忆光绪十八年，长江一带民教相仇不已，有英人宓克者，著《支那教案论》一书，凡四篇：首发端，次政治，次教事，次调辑。大旨谓：吾华愚民无识，颇尚虚无，散布流言之习，实足为教案之媒，而皆由教士处置失当，推波助澜，至于助以兵戎，坚以盟约，尤足动华人仇耻之念，适以发难而召衅。所论颇为持平，传教之士宜三复也。至吾华地方官办理教案，亦有二弊，非失之刚，即失之懦。刚者，仇视洋人，不善调处。懦者，一意畏葸，激成民怒。自是无事变为有事，小事浸成大事，胥萌于此。吾谓办理教案之法，必须绸缪于平时，而

教务办法八条

《支那教案论》

地方官办理教案二弊

论办理教案之法

消弭于临事。凡入教者，如有游手无赖、桀骜不驯之徒，宜正告教士，勿使收受。如是，则逋逃无术，假托之途绝矣。一旦有事，务须速行结案，讯断尤宜秉公，无所偏袒，但论其事之有理无理，不问其人之是教非教，总以彼此解嫌释怨为第一要义。如此，则教案庶几有豸乎！虽然，斯二者犹末节也。其本何在？则在于教民以学，开通其智术而已。昔欧阳永叔论佛老之入中国，谓："譬诸人身，元气既薄，斯寒疾得以中之。"西教何独不然？中国长民者，诚能以善保元气为念，则造福于亿兆为无穷矣。

开通民智

28,4,18

英轺日记卷四

四月十八日　巳初刻，舟抵马赛。驻法使臣裕庚迎于码头，遂登岸至罗芾大客店，裕庚跪请圣安。礼毕，发外务部电一件。案：马赛临地中海，原系荒地，斐尼细人航海至此，聚族而居，渐立为国。初属罗马，后为法国所并。自法人得阿耳及里属地，并开通苏彝士河，马赛商务日盛，轮舶云集。出入口货，以五谷、油、糖、酒、羊毛、丝皂、加非为多。居民四十五万人。 抵马赛

十九日　申正，裕星使请至科尼斯一游。遥望大海，烟云相连，山色苍茫，涛声溢涌，仿佛格仑坡风景。戌刻，裕星使请晚餐，座中见法国马赛提督、马赛知府，并西宾七人。

二十日　未正，法国马赛提督、知府以私觌礼来见，接谈数刻辞去。案：马赛为通商巨埠，不独法商往来舣舟于此，即欧洲各国往来亚、非诸洲之船，亦必迂道泊此， 马赛商埠

以起卸货物、搭载行旅，是以车马骈阗，民物殷阜，其地利然也。惟德船独泊于义大利之热诺法埠，盖德、法相仇，随地可见如此。

欧洲列国关系

余因考欧罗巴全洲之境，为民三万二千万，为方里者一千三百万，列国十数。其古昔离合分并之迹见于史乘者，不可胜纪。至于今大小异形，强弱异势，风土异宜，而猜忌仇怨之心，由此生焉。然而有一善政，则列国环而效之；有一善教，则举洲随而趋之。非特疆理之遥、山川之险，不足以为限也，即其猜忌之心、仇怨之迹，亦有时泯焉若忘，相师相效，惟日不足。

相师相效

约而言之，如历法也，学堂也，兵制也，轮船也，铁路也，银行也，商务也，邮政也，皆其同焉者也。然之数端者，历法纪年始于罗马，学堂程课、铁路置轨始于英吉利，汽船行海、舟师出征始于美利坚，银行规制始于荷兰，航海通商始于葡萄牙，邮递印票始于法兰西，一国为之倡，而各国相继效法，精益求精。甚至水火工虞、声光电化，凡一事一物之细，其始皆一人一家之言，而群相推演，万国同风，期于著为令甲、见诸行事而止，无有彼此畛域之界，更无有猜忌仇怨之情。又试近而征之，若各国权度之制，亦至不同也。乃今至于法境，考其度量之数，知法度起于一迈当，实合地球圆周四千万分之一。其量法、衡法，均生于度，创行于西历一千七百九十九年。奥、义、荷、比、西、葡、瑞、脑、希腊、土耳其诸国，固已舍己相从，英之议员亦有欲据以改英权度者。

脑即挪威

而德、法世仇，亦能循用勿替，从善如流如此。余尝渊渊夜思，推究其所以

28,4,20

然之故，彼诸国之深心，岂真能泯猜忌、忘仇怨？盖其所以伸仇怨、消猜忌者，非此无繇。孟子曰："不耻不若人，何若人有？"诚使人人有耻不若人之心，则所谓仇怨猜忌者，皆粗迹耳，细故耳，不以为扞格之媒，反借为攻错之助。其学艺之精进，胥原于此。余因德、法嫌隙之深，教化之同，于以知群雄并峙，所以相持于不敝者，盖非无故也。 耻不若人

二十一日　由马赛起程，裕星使送于车栈。由马赛至巴黎，火车日开两次。一缓行，沿途停顿，每一小时行百馀里，至巴黎须假寓一宿，再易车赴英。一疾行，每一小时行二百七十里。余所定系快车。戌刻，登车遄发。车行甚疾，颠顿殊甚，假寐不安，时复推窗眺望，夜色朦胧。车入山腹，恒行一二十里，轮轨相击，声震如雷。盖西人于火车轨道，既测地平，更取直线。每遇山阻，则穿山通道，以砖石环其上，如桥形。其开时工本虽大，而行车直捷，惜时省煤，积久计之，所省甚巨。其行事通盘筹画，以羡补不足，大率类此。夜丑刻，过立墉镇。立墉为法境极繁盛处，巴黎而外，此为巨擘。阛阓云连，灯火与星月相映。此镇纺织机厂甚夥，法产各种绸缎皆出于此，华丝出口大半到此。考吾华丝业昔盛今衰，推究其原，由于蚕种受病。曩时卵纸出于浙之馀姚、新昌，收取蚕卵，颇有薪传。其后馀杭等处，亦以卵纸争相求售，辨种无法，其价特廉。于是馀杭卵纸盛行，而蚕丝日坏。盖蚕病有二：其一为黄瘟，人所易见；其一谓之椒末瘟，目力难察，而

马赛至巴黎火车

穿山通道

中国丝业转衰原因

蚕病

传染甚捷。凡蚕既受此病，其所产之卵皆带此病，眠起如常，而出丝脆薄。西人每于收种之际，将雌蛾焙干研末，以四百倍显微镜视之，中有黑点如椒末者，皆弃其卵。故蚕种精，食叶与病蚕同，而茧特肥厚。今日本蚕桑之学考求甚精，而华民不求甚解，自削利源，非官绅提倡，加意讲求，考橡茧之《图经》，补齐民之《要术》，窃恐红女投机，宄人失业，未始非财政之忧也。

二十二日　辰初，车经罗恩河之西，过里昂，又北河过马康，又东北行过的仍，又西北行逾塞纳河，过美伦。

抵达巴黎

午正，抵法京巴黎。车停片刻，易机车，经波威、亚眠、亚贝、威勒、补罗义等处。申初刻，抵法境西北海口，地名加来埠，贸易颇为繁盛。自马赛至巴黎，车行一千七百

法国观感

七十里。自巴黎至加来，车行四百七十里。所经市镇村落，屋宇整齐，道途平治，虽土坡山麓，无不周以长垣，靡望清洁。田畴如罣，沟洫纵横。其有偏陂不平之地，皆以植木，无尺寸荒土。葡萄尤茂，法人用以酿酒。其酒税为国赋大宗，民亦视为利薮。《记》有之："入其国，其教可知。"良不诬已。总税务司赫德之子赫承，先至车栈相迓，遂偕登都华小轮渡海。酉初刻，抵英东南海口。英外部大臣参赞费乃奉英君谕来迓，洋员金登干、马嘉利，及驻英出使大臣张德彝、参赞陈懋鼎、陈贻范来谒。都华巡抚毛尔，亦至舟中谒见，宣词作颂，大致谓："中、英订约垂六十年，两国商务日见振兴。兹蒙中朝简派近支致

中英邦交辑睦

贺加冕典礼，足征邦交辑睦。惟望此次幨帷暂驻，将敝国

28,4,22

政治、文化存记在胸，以备日后回国有所采择。”云云。当命参议官梁诚译词对答，略谓：“此次初至贵邦，蒙贵国君主遣员远迓，不胜感谢。本届贵国君主举行加冕大典，我中国皇太后、皇上良深忻悦，是以特简本爵大臣专使致贺，以表邦交亲密之据。贵国文明、制度，本爵大臣曾于书中习见，耳中习闻，夙深嘉佩，深愿此次逐一亲历目验，随时默识不忘，冀于中国有裨。”等语。爰即登岸，复登英君派来之宫用火车。戌刻，抵英京，英君复遣礼官可耳费而迎于车栈。酬答数语，礼官请登宫车，赴昔赛而客店。张德彝已先在客店祇候，跪请圣安。礼成后，礼官辞去。接见使馆各参、随等，询知前任罗星使因病交卸，张星使系于本月十八日抵英接任云。亥正晚餐后，颇觉疲倦，遂息。 抵英京

二十三日 发外务部电，报到英日期，请代奏。午后，拟致函英外部，订期会晤。英外部大臣澜斯登遣参赞费乃持简来拜，因亦持简答之。总税务司前书记官贾尔爱来见，操华语，持论不偏，自谓在北京居住十二年，平生所历之境，惟此最为适志，故恋恋中国不能忘情，其意殊可嘉也。考英国为欧洲极偏西地，本二岛，英伦、苏格兰一岛在东，阿尔兰一岛在西南。英、苏古为二国，明万历间始合为一，仍沿二岛旧名。世称英国三岛，职是之故。其地形南北长，东西狭。英、苏一岛为方里者七十四万三千八百有奇，阿尔兰岛为方里者二十七万二千九百五十有奇。英伦共分五十二部。东方六部，其首部曰迷德勒塞， 英国概况

首邑即伦敦也。南方十部，北方六部，中央十八部。其西偏曰威勒士，分十二部，旧自立国，其土语亦与英伦稍异。总计户口约二千九百万有奇。苏格兰分三十三部，南方十三部，中央八部，北方十二部，其土语与南方稍异。总计户口约三百九十万有奇。阿尔兰分三十二部，东方十二部，西方五部，南方六部，北方九部。总计户口约五百万有奇。通国都为一百十七部，部长皆由民间公举，并无岁俸云。

二十四日　拜发恭报抵英日期折，交邮船寄外务部代递。驻英参赞曾兆锟来，言闻英主将于二十六日见余及张星使德彝，俟外部议定后，当遣员来告。既闻此信，只可静以待之。考今英王名爱惠，英女主维多利亚长子，生于西历一千八百四十一年十一月九日，立为王太子六十三年，娶丹国竭律天第九王之长郡主为妃。王素研兵学，曾在去尼司蒿司学堂卒业。西例，凡入学堂肄业者，无论贵贱，皆与群学徒为伍。王于西历一千八百六十年始在阿克司弗大学堂之生徒当民兵者，为副将衔。旋又在吏部官吏之当民兵者，为副将衔。六十一年在谦不吏去学堂当民兵者，为副将衔。六十三年后始为第十营好失而兵队副将，六十八年后统带耳爱夫不而其兵队，又统带第一二营护卫兵，七十五年封将军，八十年统带戈登海伦敦兵队，九十八年统带格伦敦第而兵队，九百零一年统带坡而司披兵队、苏格兰阿尔兰兵队。盖欧洲各国视治兵之责最为慎重，凡统带必由推举。故英王在九百年即位后，至零一年

英王爱惠

28,4,25

始统带坡而司披等兵队也。国民颇知以爱君为心，英王照像不特悬于公署、学堂，即阛阓间均有之。

二十五日 英外部遣参赞费乃来，言英主定于明日午刻接见，呈递国书；向例须候各国专使齐集同见，英主笃念邦交，特定单班先见，届时当派礼官率宫车来迎，云云。因命参议梁诚等预备中英文颂词，并将国书及国礼清单译成英文，照会英外部奏明英主，定期派员接收。是日闻特兰斯发尔和议告成，英民欢呼雷动，以志庆贺。洋报载有英、特新定和约，爰命翻译刘式训译出，计共十条：一、特认英为上国，不再抗拒，应将所有军械呈缴；二、特兵现不在境及被英兵执置他处者，傥呈明愿为英属，则英应赶为设法，陆续载归，资助生计；三、特民降英回国者，应复其自由之权及其产业；四、特民降英回国后，不得再借战事追究；五、特国各公塾应教授和文，谳堂亦用和文；六、特民可备枪自卫，惟须请领准照；七、特地现归武员管辖，英允早派文官前往治理，并酌行乡举，渐给特民自主内政之权；八、土人选举之权，应俟特民自主内政后，再行议及；九、英允永不加征特民地丁税项以补兵费；十、特地各邑应速设局，归谳员或文官管理，会同绅董，详查特民为战事受亏情形，酌给口粮、籽种、田具，俾安生业，英政府允发三百万磅，分给各局应用。余案：英、特之战，始于己亥冬间。因英国不准特人自主，并欲限其选举之权，由是特人积愤构兵。英人初与战不利，至庚子夏，英军始破特京，特人迄未肯降，转战又逾年馀，

英特和约

英特之战

至是立约罢兵，洵可喜也。披阅条约，颇为平允，而特国因战被累之民，英既允给三百万磅作为赔偿，此外闻再允备款分借特民，二年之内概不取息，自第三年起，常年三厘取息，订期归还，可谓善于笼络矣。

二十六日　午初刻，英礼官公服偕外部参赞率宫车来寓相迓，因率同参议梁诚、参赞汪大燮至英辛占尔士宫。此宫为英主旧宫，现时并不居此。及门，有数英官祇候。偕入登楼，英老兵数人执仗侍立。英王宫大小职官，暨礼部、外部官属执事者，皆在焉。礼官导余直至一殿，南窗临街，北墙嵌火炉。其殿东备小椅，礼官延余坐，告余曰："本日君主以特兰斯发尔战事平定，论功行赏，颁给宝星。殿西一座，因此而设。座北有几，所陈者皆宝星云。"坐少顷，闻窗外作乐声，礼官告余曰："君主至矣。"偕至窗前眺望，见街南树林浓荫中，鹄立者甚夥，

英君轻简出行

皆属乐工。未几，见一车两马，舆人红衣高坐扬鞭而来。车中人即英主也，无卤簿，无护兵，亦无随从官属，其轻简如此。殿西南有门骤辟，有执仗者出而立，知英主已由

呈递国书

他道至殿西内室矣。礼官导余入，参议梁诚等捧国书随余行。英主立待，去门仅咫尺。余入门，行鞠躬礼，英主答礼，彼此述颂词、答词。余遂呈递国书，敬谨宣布皇太后、皇上德音，致意存问。英主亲手捧授，喜形于色，致谢中朝遣使厚意。旋握手成礼，遂约余观颁宝星。余退至

观英王颁宝星仪式

殿前，见殿东门大开，英主出至座前立。二武员并肩进谒，入门鞠躬，至座前又鞠躬。英主微笑，握手与语。二

28,4,26

武员屈一膝，英主持宝星，亲为佩带。武员以臂承英主手一，俯首起立，退行而出。遂有老兵六人执仗入，至殿中对英主立。自是进谒者入经兵左，出经兵右。具屈膝领赏，仪略如前。凡二十馀人。于是各国驻使及英臣民来贺者千馀人，英主皆立见。此为英常颁仪，岁必数举。适特事平，借以致庆，故来者多于平时。英主子侄侍立于英主后，内廷官属侍立于英主左侧。凡进谒者皆持简书名，内廷官属接简唱名，鞠躬而出。未刻，蒇事，英主俯首讲入内殿。余归，发电恭报呈递国书期，请外务部代奏。

二十七日　拟奏报呈递国书日期折稿，下午饬供事恭缮。余挈参议梁诚，往泊锡花园一游。其地初为泊某私产，泊以献英廷，英廷爰就其址建园，以畀庶民游览。名泊锡者，志不忘也。其地南北五里，东西亦如之，为方里者二十有五。四围周以铁栏，千门万户。又开渠通水，广可容刀，驾鼍为梁，通衢四达。四时花木，夹道成阴。时正杜鹃初开，五色相杂，疏密交萦，万紫千红，迷离眩目。申刻以后，士女如云，驰马击球，观书阅报，熙熙皞皞，不知其在城市中也。盖伦敦居民阗咽，夏屋云连，机厂、火车昏烟蔽日，非有轩敞苑囿，日以游息，则有碍于卫生。故国家不惜重赀，经营此地。其灌溉洒扫，各有职司。以与民同乐，民皆视为己业，故能垂诸久远，无荒芜之虑云。 泊锡花园 与民同乐

二十八日　拜发昨日所拟折件。因念余自出京以来，未及两月，征程三万，日长如年。计此折到京，当在季

夏。以西人舟车之捷，而迟滞若此，知去国盖甚远也。极目云山，曷胜犬马之恋！下午，往拜英王子翘耳治。王子言前日于宫中望见颜色，以时方侍朝，未遑倾盖，辱承先施，殊为欣感。又谓去岁欣闻皇太后、皇上在西安报大安，知圣体康强，远人甚为愉怿。又询余年几何，并谓当此盛年，正宜考求政治，以备设施。又以英近时气候颇寒，询余起居。余一一答谢，复寒暄数语而别。随往答拜沙侯，不值。按：英例立长，英主二子，其长子蚤世，未有孙，故翘耳治得世及为储君。幼年学于世职学堂，继习水师，游历全球各国，曾乘海军舰至中国上海、江宁、武昌等处。时尚当学生，未尝以礼接待。累迁至水师提督。今以储君不治事，仍守提督官秩，戎服出入。年三十有七，情性和平，学问渊雅，英民颇称颂之。

拜晤英国王子乔治 翘耳治今译作乔治

二十九日 往拜英国各大臣。英君加冕伊迩，礼文繁缛，各部院大臣公冗，势难随时见客，故余循例到门投刺而归。时上议院掌院大臣、参赞政务、伯爵贺尔斯贝，议政院大臣、公爵狄逢奢，户部大臣白尔福，户部参赞大臣、男爵毕启，内部大臣李奇，外部大臣、侯爵澜斯登，藩部大臣曾伯仑，兵部大臣博罗第，陆军统帅、大将军罗贝，海部大臣、伯爵赛尔朋，商部大臣伯尔佛，农部大臣汉璧理，工部大臣德勒士，伦敦工部局大臣琅，邮部大臣、侯爵伦敦德锐，参赞阿尔兰政务大臣、子爵阿士博恩，阿尔兰总督、伯爵克多更，参赞苏格兰政务大臣、伯爵巴路佛，兰凯斯德省参赞、子爵詹晤士，管理印度大

英国各部院大臣

28,4,29

臣、子爵哈密敦，之数人者秉政，而行政之法，皆出于下议院。有事则下其议于下议院，议员议其条律以白上议院，断其可否以白各部院大臣，据以入告，然后施行。其定例如此。案：伦敦为欧洲最盛都会，跨达迷斯河，为方里者一千五百，户口六百万。稽其区，共分六隅：中央最古，贸易滋繁；西方为宫院、衙署、议院之地；东方成市集甫五十年，水程贸易胥萃于是；南方多厂作；北方尤寥廓，兼包诸村镇地。纪其胜，有太学书塾、博物院、太医院、名画院、万花院、草木禽兽苑等处。考其官，有管理伦敦事务总城长一、谳官二、分段城长二十有九。余车经过之处，阛阓千重，崇饰华竞，袨服结轶，累轨连踵，洵为穷极丽都之地。伦敦从前居民，二百年前不过七十万，百年前九十万。光绪二十三年，英女主登极六十年，计数已增至四百四十三万有奇。近年渐增至六百万。当事者以人满为患，地邑民居无可充扩，乃俾穴隧置屋下，洎于地之下多至三层。上则累建岑楼，高可至五六层。合计之，已得八九倍伦敦之地。此次因加冕典礼，各国致贺并商民来瞻仰者，人数又骤增四百万，宜乎街衢相经，肩摩而毂击也。

行政之法出下议院

伦敦概况

地下三层地上高至五六层

英轺日记卷五

五月初一日　晨起拜客，午正归。考英国学校之盛，实在近今三十年间。闻一千八百九十七年时，其全国有大学堂六十七所，中小学堂三万一千五百三十九所，共教习十四万五千六百二员，大学生三万三千五百五十九人，中小学生五百五十五万八百二人。是年官学费英金九百七十三万三千四百二十三磅。盖惟大学堂经费官钱为多，中小学堂生徒每岁每名国家只给一磅三仙令以畀教习，其不敷者，议院由房税项下酌量提拨。生徒早出晚归，饮馔取给于家。童子满三岁，即有入塾者。若至七岁不入塾，罪其父母。故七龄童子，无男女未有不读书者。贫民谋生，例候十岁以后。是以举国无不识字之人。余求其全国学校表不可得，仅得上年伦敦学校简表一册。一隅之地，共有学堂四百九十八所。以伦敦四隅坊巷编次，各注其创始年月，并总董及男女总教习姓名。计其生徒共五十七万九千

英国学校盛况

举国无不识字之人

伦敦学校

28,5,1

有奇，普通学居其八九。盖贫民力有不逮，仅学普通亦足谋生也。此外别有蒙师学堂十二所、其士台伯乃一所，创于西历一千八百八十五年。自此阅岁递增，只有此数。是英之讲求师范，又在近今十八年之内矣。又有聋学堂十八所，容生徒六百七十馀人；瞎学堂十所，容生徒二百馀人；残疾学堂三所，容生徒百馀人；脑病学堂五十七所，容生徒二千六百四十一人。又有工艺学堂若干所，从一千八百七十　年迄于上年，三十年中共收生徒三万八十四名，已离堂者二万六千一百三十九名，现尚在堂肄业者三千九百四十五名，宜其近数十年来，制造之盛远逾前代矣。至于烹调、洗浣、操作及寻常手艺，皆别有学堂以教之。今欧洲各国，未尝不以英为法也。

工艺学堂带来制造之盛

初二日　率参议梁诚、参赞汪大燮，乘火车至英女主维多利亚坟茔。坟在伦敦西北，相距七十馀里。其地本有温则行宫，为维多利亚歇夏游息之所。维多利亚即位之二十四年，其夫阿勒帛薨。维多利亚亲为择地建茔，自留生圹于右，至是遂合葬焉。其茔制文石为榔，四隅立铜人各一，榔上卧白石像，覆以被，貌惟肖。上建屋宇，中隆旁杀，圆颠覆琉璃以通光。筑石为柱，极轮奂。壁间立石像，皆立功大臣。后壁悬油画，绘耶稣故事。设香案，为女冠诵经处。余先与外部商，仿醇邸赴德时至威廉第一坟茔故事，循西例赠花圈。外部韪之，以奏英主，故英主遣宫车候迎于车栈。守茔官候于门西，礼极简，惟至茔前一鞠躬，览一周而退。案：女主为英主维廉第四之从女、根

维多利亚女王坟茔

赠花圈

的丢克之女。当中国嘉庆二十四年四月某日，为西历一千八百十九年五月二十四日，女主生。迨一千八百三十七年六月，维廉第四薨，无嗣，英民遂奉女主立之，年十有八岁。三十八年六月二十八日，群奉女主诣伦敦大礼拜堂，行加冕礼，是为英国大君主。七十七年正月一日，颁诏于印度国德里故都，晋君主尊号为印度国大皇帝。女主为人，性行淑均。即位而后，英国商务蒸蒸日上，遂洎今兹，不可谓非欧洲之贤主已。

维多利亚女王

初三日 在寓，阅英史乘诸书。案：英吉利古系土番部落，汉时为罗马所据。齐时，罗马军退，遂有北狄、苏格二部居之。厥后，英人攻克北狄、苏格，并其全土，爰立国号。稽其世系，共分八朝，曰萨索尼、曰诺尔曼、曰北蓝大日奈、曰兰加斯得、曰约克、曰都铎尔、曰斯丢亚尔的、曰孛仑瑞克。萨索尼朝君曰伯勒瓦尔。七王，曰以格伯、以惕无、以惕保、以惕伯、以惕勒、亚弗勒，曰义德瓦第一、梯亚斯丹、以德门第一、以德勒、以特维、以特加、义德瓦第二、以惕勒第二、以德门第二，曰加纽的哈罗德第一、哈的加纽，曰义德瓦第三、哈罗得第二。是为萨索尼中兴之世。诺尔曼朝君曰维廉第一、第二，显理第一，士提反。北蓝大日奈朝君曰显理第二，理查第一，约翰，显理第三，意德华第一、第二、第三，理查第二。兰加斯得朝君曰显理第四、第五、第六。约克朝君曰意德华第四、第五，理查第三。都铎尔朝君曰显理第七、第八，意德华第六，女主马利、依利萨伯。斯丢亚尔的朝君

英国王朝世系

28,5,3

曰惹迷斯第一，查尔斯第一，格朗它总统。是时创立共和政治，计十一年，曰查尔斯第二，曰惹迷斯第二，曰维廉、曰马利夫妇同听政，曰女主安。李仑瑞克朝君曰翘而治第一、第二、第三、第四，曰维廉第四，曰女主维多利亚。其世系如此。国中有议院二：一为爵绅议政之所，爵位贵人及耶稣教督处之；一为民绅议政之所，民间才德过人者处之。有大事，君主谕首相，相告爵绅院，聚众共议，参决可否，然后咨之民绅院，必舆情相洽，始布之政，否则寝其事勿论。民间欲举一事，必先陈于民绅院，询谋佥同，斟酌无弊，然后上之爵绅院，可行则上之首相而闻于君主，否则报罢。国人分三等：一曰五爵，二曰绅士，三曰乡民。五爵惟长子得世袭。绅士由府邑公举。民人分数党：曰保党，以自守为宗旨；曰公党，以大同为宗旨；曰合党，则以英伦、阿尔兰合一为宗旨。凡所设施，大抵习于霸术，而朋党相争，必视民情为胜负。其政治崖略如此。

议院有二种

国人分三等

民人有三党

初四日　辰正，雾旋，雨甚。考英国雨度最多，每年东南各境约得雨水三十四英寸，西境及山地约得雨水四十八寸至五十寸不等，总计每日约得雨水百分寸之八云。申正，往游博物院，院主导观东方各国器物。首印度，罗列各兵器盔胄之属，有全金宝座一。次埃及，次土耳其，次日本。旋观吾华瓷器及象牙雕琢之具，极为精美。旁悬礼服、旌旄、冠盖各图。又有觉生寺铸磬一，系道光年间物。阅竟，时已酉正。据院主云，此不过得四分之一尔。

游博物院

论日新之道

余因思《戴记·玉藻》一篇，于垂之钟、和之磬、女娲之笙簧，以及綦朝大路、崇圭之属，无不备载者，非以夸多而斗靡也。盖宣圣有言："形而上者谓之道，形而下者谓之器。"器无日而不新，实道无日而不新。凡人自少壮以至老耄，所历之境皆属新境，所为之事皆属新事，能日日从事于学问，以推陈而出新，庶几智慧日辟，有以尽生人之能事，否则睢盱壅蔽，立见枯槁。惟国亦如之。此《大学》所以言新民之事，无所不用其极也。自古在昔，先民有作，厥心胥达此谊。于是制器尚象，以至新之事觉后觉，而复存已往之迹，用以验世运之升降、人心之巧拙，而即以考国俗之盛衰。至或求其器而不可得，亦必模其形式，以被之金石，著之载籍，皆此意也。西人博物院得斯恉已。

英国贵族子弟学堂

初五日　往看槐爱司汦司得小学堂。学堂为英国世爵子弟肄业之所，以腊丁文字为基础。有生徒二百六十人，非王族近支及世爵不得入。有史学、舆地、算学、化学、画图诸馆。凡专门之学，皆于此肇基，所谓普通学也。晨习体操，昏则击球，以劳健筋骨。自巳至申，分诣诸馆，轮班肄业。生徒衣履一律，试超众则殊其服，旁杀后垂，以动观听。得殊服者，例得入议院听议政，卒业则入依滕中学堂，又卒业则入阿司苐大学堂。此三堂皆世爵学也。盖英政悉出上下两议院，上议院议绅尽贵族，故督教贵游有堂，拾级而升，不能中辍。总稽查学堂大臣导余至各馆，生徒济济，举手为礼。其教习作乐诵经，敬祝圣寿。

28,5,5

诵毕，令学徒比肩鹄立，候余出，嵩呼以送。旋至槐爱司泯司得教堂，观古迹。教堂与学堂衡宇相接，为八百年前老堂，杰构巍峨，等于新缔。其初半为议院地，议员以地狭乔迁，悉以赠堂。最初议厅，至今尚在，席地为阶，分级围坐。别一室有地炉，为英设地炉之权舆，亦数百年物。其法得之佛兰西，雕镂皆法式。英之古先哲王于此议政，英人存之，以为甘棠遗爱云。戌刻归。

老教堂

地炉之权舆

初六日　往拜上议院掌院大臣、伯爵贺尔斯贝，下议院掌院格理，内务府大臣、伯爵彭伯乐，御前大臣、伯爵克勒忍登，礼官、伯爵波德兰，英后御前大臣可尔飞尔，英驸马、公爵亚其埃尔，公爵佛爱夫。晤贺尔斯贝。贺约管理兰加士打大臣、世爵希阿佛，刑部尚书、世爵亚路华士顿，前管理印度事务大臣、世爵高罗士，管理苏格兰大臣巴路佛，伯爵加令顿，世爵巴顿六人候余，相见均握手为礼，叙谈数刻而散。又至金登干办公处一览，实为吾华驻英税司署，购置十二年，费八千磅，英政府认为中国官产。地仅盈亩，楼高五重。英人商于华者，货出入稽其数以报，金与赫承先二人实司其事。档房卷牍盈室，编号庋存。书室精洁，前临园圃，绿叶铺茵，间杂红紫，推窗远瞩，眼界殊宽。伦敦人烟稠密，楼阁婉蝉，非卓午不见日。清旷若此，良不易得。金登干告余曰：“此地当孔道，去各部署俱不远。目前屋值，较诸昔年，殆增过半矣。”少顷归寓，时已戌正，天色犹未昏。盖伦敦在赤道北五十一度三十分，北京偏西一百十六度三十一分，日正

拜晤英国大臣

金登干办公处

午当中国之戌初，而节交夏令，则日长于北京一时许也。

英国平民学堂

初七日　往看晓坳处米都屯小学堂。学堂为平民肄业之所，有男女生徒六百馀人。有总教习一人，女总教习二人。学徒自三四龄至成童，以年齿分馆舍。有体操厅事数区，厅各有台。总教习吉伯导余登台而立，出生徒演体操。教习传口号，俯则俱俯，仰则俱仰，一举手，一翘足，无斯须差。吉伯又导余至别厅，出龆龀女徒百馀人于台前，左右分立，又令年稍长者数人中立，演古史事，手舞足蹈，或歌或泣，皆前言往行之可传者。左右幼童，亦如所言动以和之。盖与幼童言史，虑其厌闻，故创为此法，使之深入于心，终身无遗忘之患。演毕，则于厅事习步法，或雁行，或鱼贯，时复参互错综，如梳如织，咸整齐严肃，无有紊乱致相摩击者。阅毕，至各馆看教法。先至三龄幼童一馆，列几而坐，女师与之语，众幼童皆语。惜余不通语言，不知其云何也。又一馆年稍长，适教画。几陈模本，手握丹铅，有女师指点而评骘之。又至聋哑馆，师执其手，使贴己项下以与语，哑徒会其意，即以所言书于壁。盖其耳不能传声，赖人身电气相接，以达于脑，所以教识字也。馆舍甚众，至于烹调、澣濯，皆别为一室。贫女于学馀专习之，每七日习一次，使年长适人工操作也。其攻金、攻木各有馆，非习此为匠人也，所以辨物质、明体用，以合于规矩准绳，为格致、制造诸学先声也。吉伯为余言："此堂昔时为牢狱，于十年前改学堂。英自学堂盛行，而囚徒日减。堂中多一儒冠，狱中即少一

幼童表演古史事

教聋哑之法

28,5,8

赭衣。英国君民，期于全国囹圄悉为庠序而止。今伦敦有学堂五百馀所，国家筹费不少怠，绅富捐赀不少吝。童子游惰不学，罪其亲，罚锾。是以人无贫富，无不学者。四民之业，非学不精，特所学有浅深，故所业有高下。贵贱贫富由此分，则向学之心亦由此笃矣。”余闻言，噤不能答，为备书之如此。

贵贱贫富分于学业

观英刑部上公堂

初八日　巳刻，金登干导观英刑部上公堂。是日适讯案，环听者数十人。按察使延余坐，余询其所讯之案。原告系开矿公司，初颇获利，继稍折阅，爰向富人设法，欲集赀百万磅为重振计，富人俄延未允，公司旋闭歇，折耗殆尽，遂讼诸官，谓富人始允集股百万磅，继乃中悔，以致公司歇业。富人谓公司曾经告贷，并无集股之说。彼此驳诘良久。余遂出，复遍观其大堂各处。午正返寓。案：英国刑政衙门不一，其制有曰上控院，权位最尊；有曰上公堂，一名理刑司，即余今日所至之处；有曰下公堂、曰理刑厅。以上各法堂所理之政，分两大端：一曰钱债，理钱财争讼事；一曰刑名，理命盗斗殴事。此外又有遗嘱公堂，专理民间遗嘱析产事，不问刑名、钱债事也。理刑厅不问钱债事，下公堂兼问钱债、刑名事，均巡捕官听之，然只有问案之权，无审案之权。问案者，第问其事之源委曲直；审案者，则宜援引律例反覆辨难也。凡科罪，监禁在六个月以下、罚款在百磅以下者，可立时断结，否则须上其事于上公堂，归按察使定谳。凡断结之案，两造不服，准其上控。理刑厅、下公堂所断者，可控诸上公堂。

英国刑政

遗嘱公堂

准许上控

上公堂所断者，可控诸上控院。上控院及上公堂作为专案讯问，无发交原审官再问之例。如果察知其冤，则平反其狱，原审官例无处分也。上公堂设会审员绅十二人，凡国人纳税钞在五十磅以上者，皆得承当，临时掣签，掣得者入公堂听审。按察使既鞫两造之辞，则比附律例，以告于会审各员。各员定其是非，以告于按察司，乃断结。此刑政亦由民主之义也。上控院别有刑律顾问大臣数员，皆老年望重之士。如有死罪应减等、监罪应宽限，由国民公呈，吁请君主，得商顾问大臣主之，然只有减轻之权，无加重之权也。刑律、商律皆由议院编纂，数年后如有重复歧误之条，议院即派员修改。其科罪只有死罪、监禁、罚锾三端，他无缪辖之例。律生学三年得文凭后，须访求著名律师，纳重贽，充抄写之役，阅历数年或十数年后，始得出为律师云。酉刻，英主遣外部参赞费乃来，约赴伯钦恩帕尔士宫茶会，遂率参议梁诚、参赞汪大燮、黄开甲赴会。至则各国驻使及英廷臣、命妇之封爵者皆在焉，列坐左右。英主、英后出，并立于庭。赴会者自右趋左，面君、后，鞠躬而出，英主、后皆俛首答礼，不交谈。设酒、果于别馆，酌而散。

（会审）（刑政亦由民主）（律师资格获取）（赴茶会）

初九日　往得格禄司博物院看藏书楼。楼书架积长三十二英里，庋藏各国今古图籍三百馀万种。士民有所研究，书不备，得入堂检阅。读书堂最高，极广，圆而无隅。颠覆琉璃，光澈几案。四围琳瑯编插，高数十级。中容五百人，各得专席。坐设几案，具纸笔，欲阅某书，写

（参观博物院藏书楼）（读书堂）

28,5,9

书名投于盆，有专司者检陈于几。盖四部七略，分类编目，各注所在。每架又别具一目以便检。环读书堂外屋数重，叠架庋书，轮其足，推前架，则后架出。升降以电，引梯挽车，载书而行。官私著述成书皆以献，又购求于他国，巨室好事者又盈千累万以为赠，故能闳博美富，成此大观。其专门如历象，如乐律，如医药，皆别有室，罗图书，设几席，以待来学。其藏东方书处，区分中、日为两大部薮。中国典坟虽不备，然通行各本亦十得四五。殿本如《图书集成》《西清古鉴》，皆以西式装成，储于箧。宋元椠本不多见，有宋板巾折本《莲花经》数册，有元刻《韩文考异》，明刻大字本《贞观政要》，皆精绝。近复搜求唐人绢本及唐宋人手迹，虽片纸亦珍之。典守者出十数纸以示余，言得自蒙古喀尔喀部，土人掘地得此求售，因购以归。有大历、至正、建中等年号，纸墨残毁，真伪殆难辨矣。至印度、土耳其、希腊、罗马及欧洲前贤手迹，亦皆罗列中庭。余不能识其字，通其义，而古香古色，盎然行间，亦殊可爱。外院以石为壁，摹刻埃及古碑，惜日昃，不及摹挲矣。是日导余游观者，为是楼掌东方书籍总理，名德诺司，能操华语，曾为上海英领事。此堂国家岁费仅八百磅。近以地狭，购旁地三十五方里，以备推广云。

移动书架

收藏中国图籍

各种手迹古香古色

初十日　往看医院。门外左右立四亭，亭容数十人。平民有微疾逐日求诊者，男妇孩童各就列。院内屋宇宽敞，视疾之轻重，分居待治，轻疾十馀人同一室，重疾

参观医院

二人占一室，枕簟皆备。病人衣食取给院中。地不毡毯，窗不帘幕，镂琉璃以为几，欲其皭然无尘垢也。侍病多妇人，所蹑履皆以软皮为底，虑有声惊病者也。设火炉以祛寒，插鲜花以收养气。余历观十馀室，大致相同。割证别有室，光明洞达，刀圭具备。卧具、涤器皆用琉璃。文石为墙，其光可鉴。其储药、制药各有所，以化学化分药质，别良楛，究功用，皆医师自为之。药品中有毒性者，加识别于瓶。有骷髅室，储人骨甚夥，各标其疾。盖西俗凡奇病死者，或自愿舍身，写供存案，俟其既殁，则剖尸视疾，因是得以通症结，惠来学。此院岁治万馀人，来者弗自给费，亦不取给于官，岁费由富绅捐助，有盈则置产生息。英伦一处，医院凡五十区。各有学舍，储医书，教生徒，卒业亦给凭，然后行其术。其慎重如此。

骷髅室

参观银行

国家银行

十一日　往看英兰银行。此行创始于西历一千六百九十四年，迄今三百八年矣。虽名为国家银行，而资本实集自民间。惟代办国家税赋诸事，故国家独给凭照，认为国家银行。创办一百九十年间，获利甚微，所制钞票，民间亦不信用。至英相披而总度支时，始定银行章程，颁全国之为银业者一律遵守。此行为国家命脉所关，有专例，尤严密，通行至今，未尝增损。其异于他行者有三端：一曰债票。国家有急需，租税不敷，则贷于民，谓之国债，出票据以为质，皆由此行经理。有二百人司其事，国家给经理人及制票费有定数，合国债万分之三，然国债若多于六百兆磅，则减其半。今英国国债约有七百兆磅，其利息则

英兰银行异于他行三大特色

28,5,11

约三厘左右。二曰钞票。国家准此行自领国债票四百万磅，又贷与国家一千一百万磅，皆以国产为质，并给利息。是此行存于国家之磅，实有千五百万。故所制钞票，惟千五百万磅银行中无存金。此外钞票无定限，惟有票必有金，不得浮溢。今银行存金三千七百万磅，所出票仅二千九百五十万磅。除其千五百万有国家产业相抵，则此千四百余万尚不及存金之半矣。三曰赋税。国家所入赋税，尽归此行。此行亦能任意行运，国家并不取息。惟届应付国债利息之期，若有不敷，则归此行垫给，国家亦不复付息。凡此三端，与他银行有别。现在他银行虽有自制钞票之权，然皆不甚通行。公议专用此行钞票，付磅兑票，以利民用。其造票机器制票甚捷，每日需出六百纸方能敷用。此英兰银行章程之大略也。其办法，收钞必截角，收币必过权。权币以机，顷刻千万枚，有不中度者别储之。金币虽坚，然行久必剥而轻，重铸之，所以坚民信。国家缘此岁耗二千万磅，弗吝也。银币值微，摩蚀弗较。穴地以储币，累椟以储钞，皆重扃，数人司其钥，非周知弗能启也。民有资于行者，公举二十人为董事，五载一任，称职得蝉联。董事资深望重，则举为总董，两载一任，满则退。造钞之权归行，造币之权归国。造成则藏于行，名为行，实国库也。守夜兵五百人，环行而宿，夕至晨散。行酬以飧，饷给于国。余又至造币局一览，区分三品，饼譴骈罗。其行于藩部属地，必载文于币，故模范尤夥。日出币以机稽其数，满千则停。总办告余曰："此新法也。地

金币行久则重铸之

银行董事

参观造币局

泰西银行种类

狭事烦，一机抵百人矣。”余按：泰西各国分银行之种类，有官家之银行，有各业之银行。官家银行，政府所立，为国家理财关键。各业银行，则与人民为借贷存金之业。其制发钞票之权，惟官家银行得有之。至于章程，则各视国家财政之进步以为转移，未可一概而定。观于英兰银行，可以心知其意矣。旋至汇丰银行一览，并拜伦敦府尹。酉刻归。

十二日　午后，往观华勒斯博物院。华系英人，创建此院，殁后捐诸公家。是院多储各国武库胄鍪之属，均千年以前旧物。又罗列油画暨各玩具，均精美。酉刻归。张在初星使来，谈及上年赔款，约载用金付给，或按还日之市价易金付给，中国用银款核付，目前金价日昂，照上年

赔款暗增

市价，赔款已暗增二成，近接外务部电，以中国赔款过巨，民力不逮，深恐激成变端，于商务有碍，特嘱向英政府妥商，照约载银款四百五十兆两，按上年四月初一日市

中国币制变改之法

价易金付给，以免受亏，云云。余谓：赔款一节，诚中国大可忧之事也。当庚子以后，财政未及整顿，赔款数巨期促，民力几何，讵能经久？至论中国钱币之制，尤有亟宜

外洋用金中国用银

预筹者。外洋用金，中国独用银，人第知金价之贵，有谓西人当中国还款之期，屡抬其价以罔利者，非通论也。要知中国所以受损，不在金价之贵，而在银价之贱。外洋多用金，银只以辅金之不足。银矿日开，银益多而无所用，于是银价日贱。以美国银党之盛，而终不能胜金党，则银与金之不敌可知也。从前金磅价值，由银三两驯贵至八

28,5,12

两，异日由银八两或贵至十数两、二十两。银价拟于铜价，亦未可定，则中国无论赔款、还款，即商战亦万不能支矣。为今之计，惟有自制金币，以为抵制。案：《尚书·禹贡》金、银并重。《管子》论黄金、刀、布三币最详。史迁《平准书》、班固《食货志》载金、银并用之法，尤为轩豁。中国用金，本古制也。第处今日而制金币，其势亦有甚难者：一、中国出金太少；二、钞币未行，民不见信。而其本务之难，则尤在于用人。盖自古以来，原无有利无弊之事。钱法一事，大利所在，则更为弊薮之所丛集。然国家行一法，举一事，固不得以事之多弊而遂不为，亦不得以事之多弊，辄归咎于法，而不知归咎于人也。今中国金诚少矣，然试稽海关出入贸易总册，每年中国金出口共若干万。其可稽者如此，不可稽者又不知若干万，是宜先行严禁也。各省金矿，迄未开采。慈石丹砂，见荣终闷，是宜设法广为取用也。外洋如澳大利亚等处，产金较夥，宜与订立合同，每年收买若干。如是，则鼓铸不虞匮乏矣。至行钞票之法，自以民信为第一宗旨。若民不见信，则无事可为，岂特钱币一端而已？而取信于民之法，则以用人为第一要义。今宜慎简廉明公正之士，详考各国银行章程，斟酌参用。先设国家银行于京师，约计成本金款若干、银款若干，先制金币钞票若干，复制银币钞票若干，以为之辅。银行以此发，户部以此收。先行之于商家，次推之于外埠。如是，则大本立矣。然此事固宜慎之又慎，倘有丝毫关碍，则天下之命脉皆为掣动。此

自制金币以为抵制

本务之难尤在用人

用人所以为始终之本务也。又现在议订商约，虽议加增进口税，然中商在外洋既以金款纳税，则中国海关征税，自应一律以金磅价核算，实于国家进款不无裨益。按公法，收税为本国自主之权，况此事尤为公平易简之法，各国亦岂能不允?《诗》云“周爰咨谋”，又云“其则不远”，愿为当轴陈之。

海关征税应以金磅价核算

28,5,13

英轺日记卷六

五月十三日　率同参议梁诚、参赞黄开甲、唐文治，并金登干之子金乐培，往观爱司福忒学堂，离伦敦约二百里。巳刻登火车，行约一钟之久。沿途山势回环，平畴竞绿，风景绝佳。午初，抵爱司福忒。是处学堂共有数十处，金乐培导余先至一处。有学堂司事官候于门，先导观藏书楼，次历礼拜堂。堂屋深邃，石梁高十数丈，均数百年前旧构。教师之有名者殁，则即葬于内，刻石像于榭，并略记姓名、事迹，以为表识。次观学舍，俱轩敞精洁，窗前均供花篮一具。学徒皆静默覃思，不闻咿唔声。次观试院，院极广，两旁列短几櫈，约可容千人。是日适试期，诸生甫散，有数名缀笔卷尾，尚在构思。试官高踞正座，眡远必察。余询其题，则富强策也。次阅公堂，为奖赏学徒、发给文凭之所。观毕，司事官延余坐马车，至一河畔。河为达迷斯河分支，沿岸绿树成阴，芳草披拂。河

爱司福忒（牛津大学）

中维艇数十，皆悬旗，书某学堂、某学堂字样。余登其舟，重门洞开，四围周以玻璃，书籍、报纸、铅笔之属无不具。盖学徒夏日课馀，则于兹纳爽，所以为游息地也。旋登岸，返学堂午餐。同席自司事官外，一华学教习，一哲学教习，一律学教习，一教门教习，一本国史学教习，一罗马史学教习，一算学教习，共七人。华学教习名柏乐客，曾在上海、台湾充当领事，能操华语，略与款谭。饭后，又观学堂数处，略如前式。盖是处学堂，俱系专门之学堂，学徒年自二十岁以上，习普通学已成就者，方准入内肄业。各堂创设年分，有近有远。凡名儒、名相之出其中者，不可胜数，洵大雅宏达之囿已。酉正，仍坐火车归。晚饭后，与参赞汪大燮、唐文治论哲学源流。汪、唐谓：西人之哲学，即中儒之性理。人必养心，而后能治事，是以经济根于学术。余深韪其言。盖西人论学，辄谓念者事之基，萌一念而事即随之。故治念然后可治事，治事亦即所以治念。此即《戴记》所谓"虑而后能得"。而王文成所谓"知行合一"，亦此旨也。抑余更有说焉。学问之事，支派虽出万途，而其要在于求乐。不独孩提之童，道在善诱，即中人亦如之。苟不知求乐，而自溺于苦境，则智慧日窒，学术废而事业隳矣。故上智之士为学者，无弗导之以乐，即境以养其心，藏焉修焉，息焉游焉，优而柔之，餍而饫之。如此，则性情静适，聪明日生，而天下之事毕举矣。周茂叔寻孔、颜乐处，斯即哲学之根本。明鹿忠节著《寻乐大旨》，厥谊精微。近今斯道

讨论哲学源流

学问之要在求乐

28,5,14

衰息久矣，因论西人学派，特揭之以告当世之为学者。是日英外部派参赞王安来照料一切。王安曾充驻京使馆参赞，略习华语，现甫从北京回国。余略询京中情形，嘱其逐日来寓，以便接洽。

十四日　巳刻，赴纽玛铅看跑马。盖泰西各国，每于春秋佳日，驰马比赛。其围场必择荒郊空旷之处，所以资游玩、角材力也。计英国境内，纽玛铅有跑马场九处，腾喀斯德有跑马场五处，爱泼桑有跑马场三处，葛特胡有跑马场一处，利物浦有跑马场三处，约克有跑马场二处。此跑马场，即纽玛铅之一。毛马齐色，腾骧沛艾，绝阬逾斥，洵盛观也。余案：车攻马同，咏于葩经。“既伯既祷”，先儒以为马祭之诗。而《月令》季秋之月，“习五戎，班马政”。马政之宜饬，由来尚已。盖古人于文事、武功兼营并重，是以射御之艺，比于礼乐。凡在搢绅之士、方领之儒，举能驰马试剑，以习筋骨而适心志。三代以降，此风稍替。然如孟坚《两都》、平子《二京》、子云《羽猎》、枚叔《七发》，敷陈田猎之事，靡不奔嗜逞欲，旭旭洶洶，虽词臣藻饰，亦可见当时之好尚也。魏、晋而后，犹复讲肄马射。魏元帝立马射台于陂西，文帝于马射之前先行讲武之式，尚不失古者教诲调一之意。自唐、宋以来，重文轻武，训文有典，教武阙如，于是马政废弛，圉人失职。冀北秦西，纵多骏骥，而世无伯乐，其伏枥以悲者，不知凡几。我朝以骑射取天下，熊罴之旅，昔称无敌，迄今校阅，八旗子弟犹以骑射为主。诚以生人

观跑马

古人文武并重

唐宋以来重文轻武

之筋骸气血，不可不日调也。抑磬盘旋，具有发扬蹈厉之概。若朝夕窳之，则茶然而不振矣。乃沟瞀之士，迷谬不省，矩步高论，充然自满，语以武事为儒者所习，则挢舌而莫知所对。是故就气习而论，则晚近之士夫，日即于脂韦；就体质而论，则晚近之士夫，又日流于脆弱。其故安在？殆有驱之使然者。然则跑马虽游览细故，要可觇国民强弱之几也。是日闻英君主病赴跑马场，实勉强支持云。

英国议院制度民权为重君权为轻

十五日　在寓阅新闻纸。考英议院之制，其权极重。盖英虽称君民共主之国，然实民权为重、君权为轻。凡一切用人行政、赋税出入、法制禁令、营建工作，及与列邦会盟战守之事，其事皆出于议院，君主签字画诺而已。其上议院曰劳尔德士，一名比尔士，下议院曰高门士。议员凡三百馀人，各分党与，视民举之多寡以为胜负。某党胜，则某党出而为相。其六部大臣，即由宰相拟派。名为君简，实则民举也。某党负，则退位，然常箝制胜党之事，彼此争辨，龂龂不休。原其心，实为公而不为私。以故胜党惧授以隙，舞弊之事绝少。君主岁需经费，以及皇后、皇子、公主等用费，亦均由议院议定其数，丝毫不得增设。或不敷，君主可告于议院，或增或否，增或多或寡，亦由上议院核定，不稍假借。大臣岁俸不过丰，宰相每年以八千磅为度，上下两院则俱无俸。高门士之权，更在劳尔德士之上。有事上院议定，下院意有不合，立可驳斥；逾三次，上院不得不更正。与国议和议战事，亦视下院宗旨。如有战事迫不及待，则由部议准君主签字，然仍

政党以民举多寡为胜负

皇室经费决于议院

下议院权大于上议院

28,5,15

视新闻纸论议以取进止。如新闻纸以战为非，则议院可不允发饷；如以为是，则如拨款、加税诸事，议院可次第筹行。至六部诸事，议院亦有稽察之责。如议某事关涉某部者，由议院先行知会该部，届期派侍郎一人入院面议，推阐诘难，务尽厥情。遇大事，则请宰相入议。宰相曰可，议院曰否，宰相曰不然，议院曰然，则宰相所以可否之意向，必须明白宣示，不得稍有徇隐。惟外交和约章程之属应行秘密者，暂可不宣。然和约章程，宰相虽有核定之权，如宣示后议院有所指訾，告于君，宰相应立退。不退，须延国人公论，如公论亦以为非，则非退位不可。英国民权之重如此。然或办理国是有所舛误，则国人皆归罪于执政，不闻咎及君主。此则明定宪法之效。所以民权虽重，不至启犯上之渐也。

议院稽察六部

英国民权之重

不咎君主

十六日　往看伦敦制造厂。是厂专铸枪炮、子弹，规模宏大，周围十数里。厂内往来，皆以火车。新式最大之炮子，重千二百磅，后膛机器启闭灵敏。铸时先成钢柱，以钢刃凿膛开线，千百不爽毫发。每铸一炮，阅九月始成。惟每事接续连铸，故成物众，不觉费时积日。新法以钢条为绳，密裹炮外，其引绳机器重力极大。此法已经叠试，永无炸裂之患。有一室排列各式枪机、炮机，以较速率。总办导余游此，引电发机，顷刻数出。此厂毗连武备学堂，乘火车往学堂。总办为提督某，迓余入，并备午餐。询知该堂生徒三百人，分四班，四年卒业。岁取七十五人，新旧迭更。其考取新生，以年十六至二十、普通卒

参观枪炮厂

铸炮之法

参观武备学堂

业兼精算术者为合格。入堂甚难，功课尤密。卯初上学，酉正罢学，其中仅得游息半时。新进四人居一室，馀独居。学舍狭陋，令习苦，便行军也。惟洒扫甚洁，人日一浴，衣履尘垢亦有罚，增其课。演炮有台，试枪有的。有讲堂，有操场。凿池以效涉，画沟以习跳。往昔生徒建功名成事业者，皆题名厅事，每饭属目。又罗古兵器如剑戟弓弩之属，以较利钝。英国陆军将领尽出于此。今以近年特国交战，将小变教法，以期精进。惜是日适诸生就试假期，不及见其传授之大概也。

参观万生院

十七日　申刻，往游万生院。院景寥廓，茂林幽邃，堂密美枞，荑柯散叶，修竦有致。院主导观虎豹狮象之属，珍禽班尾，奇兽编栈，多不知名者。文马极驯扰，西人谓之驳马。余案：《史记·司马相如传》“驾驯驳之驷”，注：“驳，如马，白身，黑尾，一角，锯牙，食虎。扰而驾之，以当驷马。”此马文身无角，是不得称驳马也。复观陂塘，圆波一沤，蓄穿山甲二，投以鱼，出水衔接，燚响奔驶，殊畅诡览。酉初归。考英京各衙门，其权约分三等：一行政，一理事，一稽察。之三者，大纲釐然，庶务自理。行政衙门者何？枢密院、户部、海部、兵部、邮部、藩部、印度部是也。理事衙门者何？商部、农部、工部、文部，及本省政务处是也。稽察衙门者何？议院是也。枢密院之制，为各衙门领袖，首相专主其事。首相所设施，必禀承于君主也。院自首相而外，有政务参议大臣一员，掌印大臣一员。凡议政事，首相、参议大臣，

文马

英国行政制度

枢密院

28,5,17

暨户、海、兵三部大臣，咸与其列。惟各部大臣不时至，有大事则咸集，询度既同，乃发号令。此所谓行政衙门。至理事衙门，则承行政署之意旨，奉行厥事，无主宰号令之权。若稽察衙门，则有阻止政令之权。譬诸文部定于某处建学堂，于某塾改课程，告诸枢密院施行，议院不谓然，即可集议阻止，文部不得而违，枢密院亦未能相强也。然若斯之事，亦不常觏。盖理事各部，亦必先与议院各员斟酌妥善，意见相洽，斯上之枢密院耳。余因思枢密院既有行政之权，则其权力似当在议院之上，何以清议常伸，几若有太阿倒持之势？追考英国史乘，始知从前枢密院与议院其权本相颉颃，因斯丢亚尔的朝之君查尔斯第一好实无厌，专尚压力，与高门士争权不已，煽虐构衅，国以大乱，于是高门士为首有名不勒少者，杀查尔斯第一，别立会以理国事，繇是下议院之权日重，而枢密院之权遂轻。斯亦英国职政变迁之一大关键也。 行政衙门 理事衙门 稽察衙门

十八日　早闻英君病加剧，加冕有展期之说。盖所病系患肠痈，老年气血衰颓，故未能支持也。申止，赴泊锡花园茶会。伦敦府尹作主，略与款谭，旋归寓。戌正，英后请博庆汉宫大宴。盖英君因病未能款客，故由英后为主。余率参议梁诚、参赞汪大燮、黄开甲，并英外部参赞王安晋宫。至则参议等竢于楼下，余偕王安登楼少憩。德国专使亨利亲王是日甫抵英，特见余，略谭数语。少顷，各国专使齐集，英后出见，握手致词，略谓：君主适患采薪，弗克亲自款待，良深歉仄，云云。余命王安译词，对 博庆汉宫（白金汉宫）赴英后宴会

答慰问。王安旋退出，余遂入座。约四刻许，宴毕，归已子正矣。考英国属地最夥，其在欧洲者三处，在亚洲者十四处，在非洲者十七处，在美洲者七处，在西印度者八处，在澳洲者十一处。或设总督，或设提督，或立酋长，或立苏丹，或设公司，或设委员，不一其制，一切政治律令，其小者君主与藩属径行商定，其大者则须与议院及枢密院核议。君主可简亲信之臣治理藩属之事，而藩属议院所议定之事，如君主意有不合，可不允行也。至君主管辖藩属之权各有分等，约而言之，共有四端：一、只设总督，不立藩属议院。有事，君主与议院、枢密院定议。一、由君主派出总督，专主藩属之事。倘总督治理或有不公，则藩属可禀告英藩部，由君主与议院核夺。一、藩属自设议绅院，管理地方琐事。其权在总督行政衙门之下，如有与政务关系之事，行政衙门核议时，议绅院可派二人往听之。至议绅院所议，仍须上之行政衙门，酌定施行。一、藩属自设上下议院，亦可自定律例、税则，惟遇调兵、征饷暨与英国交涉之事，则由总督主政。其内地一切治法，均归藩属自主。之四端者，权限虽各不同，然倘遇诉讼不平之事，则英之议院皆得而主之也。

英国属地及管理制度

藩属之中，以印度为尤著。故藩部而外，别设印度部，专理印度事宜。印度大臣所定事，有知会枢密院者，并有不知会枢密院者。其权如此。印度设总督一、巡抚二，又有议事大臣、按察使，均由君主简派。印度部别有参议官十五员，则由印度部大臣酌派。此十五员中，必须有九员曾在印度居住

设印度部

28,5,18

或当差逾十年者。派定后，在任以十年为率，留任以五年为率。如有品行不饬，或议院指为不胜任者，则随时撤退。然印度大臣事权虽重，亦有可以专主者，有不能专主必与参议各员公商者。可以专主者，若总督、巡抚办理边界交涉之事，君主意有不洽，即应随时更正；又如总督、巡抚以下各官升调、迁转、补缺诸事是也。必须与议员会商者，如印度钱粮如何开支，或印度土酋借债需以钱粮作抵，以及印度制产、卖产、抵押之属，及增添官额、开复革员诸事是也。至英议院于印度诸务，虽概得预闻，而其得专定者，不过数事：一、界外交战须拨用印度钱粮；一、界外交战所以动支钱粮之故，及何日开战，应预先咨明；一、考进印度部当差章程有所更易；一、参议各员任满留任；一、印度部官员或须增添额数，及加薪水等事。要而言之，凡事之易滋弊窦者，俱由议院稽察，所以相维相系而不至各骋其私也。

印度大臣可主之事

英议院可专定数事

十九日　往拜德国专使亨利亲王、日本专使小松亲王并美国专使等。午刻，闻英君肠痈已经医生剖治，须竢旬日后方保无虞，加冕决定改期，爰即电达外务部，请旨慰问。旋赴宫门致候，书名于簿而返。考英外部之制，有上侍郎二人，一则久任不易，一则视公党所举。复有下侍郎二人。襄办各事，有藏书楼总管一人，和约处总管一人，其余则皆书记官也。外部大臣应办之事：一、接待各国专使、驻使，引见君主；二、凡本国、各国人民，及各衙门并本国在外各驻使、领事寄到信函，分别答复；三、凡一

外交体制

外部大臣职责

切外交国是，随时酌定。至收掌文函，由书记官专司其事，收到后呈上侍郎，上侍郎呈首相，首相分别准驳，告知上侍郎，上侍郎条次其事，应由某股承办者，即发交某股书记官作覆。如遇交涉紧要之件，本国驻使有要电或要函寄回，则须另录三分，一呈君主，一呈首相，一呈久任之上侍郎。倘所事君主不能遽定应行会议者，则须将原电原函再录数分，呈枢密院大臣，随时集议。至与各国议和、议战，则君主必须与枢密院、议院会议。议院虽无定和战之权，然枢密院议定后，如议院意见不合，即可直奏君主，径行驳斥，甚者使枢密诸臣不安其位。是和战之权虽操于枢密，而和战之事实决定于议院也。然议院之权虽在枢密之上，而百姓之权又在议院之上。据西历一千七百八十二年，美利坚欲自主，英人不允，与血战四年，英议院旋欲准美自立，英相即设法与美议和。是议院之权在枢密之上，斯一证也。又据西历一千八百五十七年，英与中国构衅，议院多不谓然，英相集国人公议，国人悉举言战者为主，诸不欲战者皆退位。是百姓之权又在议院之上，斯亦一证也。惟和约条款须由君主与首相作主，而议和之后倘需百姓输赀，则仍当与议院商定。故和约常有声明签押后须由议院覆核方可作准者，亦有先与议院核定然后签押者。此英国办理交涉之大纲也。

议院决定和战

百姓之权在议院之上

二十日　早起闻英君病势颇险，殊焦闷。酉刻，英外部遣员来致谢，略谓：“各国专使均已呈递国书，贺礼已成，君主不胜感荷。现以病势正剧，未能款待请宴，良用

28,5,20

抱歉，特遣致意辞谢。”等语。余因命参赞陶大均往探日本专使小松亲王，知已戒行期，因与参议梁诚等商定启程日期。少顷，王安来，言澜侯订于明日三钟来拜。余诺之。考英国户部定制，以预算法为先务之急。预算既定，则经制出入，自不至有匮乏之虑。每年必先将明、后年进款核定若干，再将明、后年应用正款核定若干。每款经费严定数目，他项不得拨用。核定后造册宣示，如用费稍有浮溢，议院即可酌减。盖《礼记》所载“冢宰制国用，必于岁之杪”，即此义也。至其理财要旨，不过二语，曰“取之于民，用之于民”。盖户部定例，除内府经费及战务经费、官员俸薪外，苟非为民间举办之事，即丝毫不得妄费。其意若曰官者，乃为百姓分理庶务之人，即为百姓总司经纪之人也。余因考其户部预计一千九百零三年进款清单内列：关税三千二百八十万磅，五谷等税二百六十五万磅，货捐三千二百七十万磅，产业等捐一千三百二十万磅，印花税八百七十万磅，地税七十四万磅，房屋税一百七十六万磅，家私并进项捐三千八百六十万磅，以上皆入税项者。又邮政一千四百八十万磅，电报三百六十三万磅，国地租费四十七万五十磅，苏彝士河等股票八十八万磅，杂项二百万磅，以上为不入税者。共计进款合一万五千二百九十三万五千磅。出款清单内列：国债利息一千八百三十六万磅，战债利息四百四十万磅，别项不还债利息一百六十四万五千磅，国家房屋捐一百一十五万五千磅，陆军及炮厂费六千九百六十六万五千磅，海军费三千一百

预算为先务之急

理财要旨

出款清单

二十五万五千磅，职官费二千六百四十四万八千磅，关务费并内地税务费三百三十九万磅，邮政费九百七十六万二千磅，电报费四百二十一万一千磅，运船费七十七万九千磅，别有备用费一千七百七十五万磅，共计出款合一万八千八百四十六万九千磅。除进款一万五千二百九十三万五千磅相抵外，实不敷三千五百五十三万四千磅，应别筹他项开源之法，或前数年比较盈馀之款，以弥补之。又考其内府经费，每年君主用费六万磅，宫内各官等俸薪及养老费十三万一千二百六十磅，内府日用开支十七万二千五百磅，预备君主赏赐及一切善举一万三千二百磅，其他杂项并不时之需八千零四十磅，著为定数。内惟养老费可以加增，每年加至一千二百磅为限。按户部例，凡国中用费，均由户部大臣验数，惟内府经费除养老费外，均可毋庸验数。又议院例，凡国中用费，均须咨明查核，惟内府经费除养老费外，亦毋庸咨达议院。此英国经制度支之大纲也。

内府经费

二十一日　早起闻英君疾自剖治后，神气已有转机，亦稍清醒。又闻昨晚英民至宫门问候者约数千人，闻君主略痊，相率欢呼；巡捕亟告以“君主须静养，毋哗”一语之后，众声寂然。人心固结如此，有足多者。午后，德国亨利亲王来答拜，英外部澜侯来拜。余闻各专使均已陆续辞行，因与商订辞行日期，澜侯言明日三钟英后可以接见。谭数刻，澜辞去。考英兵部之制，凡简派兵官，须由君主发给文凭。君主并无养兵之权，养兵及军饷若干，均

英民人心固结

英国陆军制度

28,5,21

由议院作主。军律及行军章程，亦均由议院议定。国中有常备兵，有民兵。常备兵者何？曰步队，曰马队，曰炮队，曰工程队，曰转运队，曰粮台。其责任分三类：一、驻守英三岛地；一、驻守印度；一、驻守各属地。驻守本国境兵，遵本国军例。驻守印度兵官暨各兵，亦遵本国军例。惟印度土兵，则遵印度政府所定军例。如与英兵合队，则遵英军队例。驻守各属地兵，如驻守印度兵例。各属地土兵，如印度土兵例。英国旧制，君主可随时练兵，亦可随时遣散。自西历一千八百四十七年，始定今制，由议院作主。国民皆有当兵年限，步兵以十年为期，马兵以十二年为期。期满后，有酌留再充一期者，则可当至二十年至二十四年。兵官自得君主文凭，命为将帅，则以身许国，非国家撤退，不得自行乞退。民兵者何？曰义勇，曰团练步兵，曰团练马兵。义勇为内部大卧所辖。国人自十八岁始，至二十岁止，籍其名，登诸册。其数亦由议院酌定，如议院议于常备兵外增添义勇额数若干，则稽诸簿，掣签应用。其制与常备兵一律操演，惟不受饷、不出征。岁时会操，少则二十一日，多至二十八日为率，悉依军例。团练步兵、团练马兵，则视民间所愿习，无定额。团练步兵内有炮队，有工程队，有轻装马队，然总以洋枪队为主。如与常备兵或义勇会操，亦遵军例，无专操之时也。团练马兵有专操之时，随事之缓急而定，奉军例与常备兵同。国有变故，可令团练马兵弹压，团练步兵不与焉。设遇敌人侵犯国境，议院议准调团练步兵、团练马兵

常备兵

国民皆有当兵年限

民兵

若干应用，即应如期会集出战。盖英国陆师之制其可考者如此。

二十二日 申刻，率同参议梁诚、参赞汪大燮入宫辞行，英后出见，深致谢悃，并达歉忱，敬寄请皇太后、皇上圣安。余命梁诚译词答谢讫，旋归寓，拟贺礼告成由英启程日期奏稿，饬供事恭缮。戌刻，由出使大臣张德彝处接奉电旨一道，钦奉懿旨："英君因病，加冕展期，甚为廑念，著载振传旨问候。钦此。"当即恭录，并饬梁诚恭译，转达英外部，面晤澜斯登，商定于明日亲往呈递云。

英国海军造船制度

考英海部之制，有领袖大臣一人，又有副大臣数人，统称大臣。以下分股专司各事，曰造船股，曰验船股，曰造样股，曰机器股，曰验机器股，曰炮股，曰银钱支销股，曰测算股，曰书记股。凡议造兵轮，先由验船股验定旧船若干无用，应造新船若干，即由造样股核定式样，或铁甲、或鱼雷、或快艇之属，呈于海部大臣定准后，再由机器股核定吨数若干，马力、速率若干，再由造船股核定用木若干、用铁若干，再由炮股核定大小炮位若干、炮位应置某所，然后由银钱股估价定议，或由官厂承造，或由私厂承造。海部上其事于君主，君主与枢密院商定，发交海部，海部再知照户部，会咨议院。造成之后，如原估之价或有不敷，议院可酌量议增；或有赢馀，则专款存储，为下届造船之用。海部报销各款，亦归议院作主。如报销之数过多，议院应派出精习海军事务数人，赴海部查核，倘委系核实开支，即予准销。海部有事，亦得派侍郎一

28,5,22

人，赴议院会议。至有时议院建议应增造兵轮若干艘，可径奏君主，转饬海部办理，海部饬各股核定如前，即覆奏君主，迅速承造。盖近来欧洲各国多务联盟，争相雄长，英以水师立国，尤以兼人为旨。故海部或有未及规画，议院先建议增造兵船之事，往往有之。此英海部造船之条例也。 英国水师争胜

二十三日　早，英外部大臣澜斯登来寓，言呈递电旨事，英君例应当面祇领，现以病体未痊，委难支持，极力坚辞。余因恭赍电旨，亲赴英外部，请其转递。酉刻，澜斯登复来，传述英君接奉懿旨不胜纫感，并以迩日已逐次就痊嘱为转奏等语。当即电达外务部，祇请转奏，借慰廑垂，并拟奏片一件，饬供事谨缮。戌刻，赴金登干寓夜宴，亥初归。考英国水师各官均由学堂出身选派之例，有由君主签字者，有由海部签字者。君主签字，自提督至千总为主；百总以下，则由海部签字。兵官之长曰正提督，次副提督，次后提督，次总船主。凡遇战事，正提督殁，副提督代之；副提督殁，后提督代之；后提督殁，总船主代之。以故船主亦无不娴习号令纪律之事。从前兵船水手多有立战功升至提督者，现则兵官一律由学堂出身，应讲求测算、格致诸学，故水手仅升至百总而止，无有更至提督者。各兵官如陆师兵官例，非国家撤退，不得自行请退。千总以上升调、补缺、革退诸事，提督主之。百总以下升调、补缺、革退诸事，船主主之。提督所主，奏于君主；船主所主，咨于海部。设有不公，兵官可诉于议 英国水师制度

院，议院得提案研讯。水师兵饷，发于海部。学徒在学堂卒业得有文凭者，在兵船当差三年得为百总，兵船水手均归管辖。各兵及水手犯罪重者，别有水师监禁处，统归海部管辖。水师军例，凡一切交战章程，均由海部专主；一切防堵事务，均由提督专主。

兵轮类别

海部所辖兵轮之制不一，其名亦不一，约而言之，曰铁甲、鱼雷、炮船，此为常备战船；曰驳船、曰屯船，此皆旧兵轮改置，均设管带各官，可资助战；曰巡船，以巡缉各岛口岸，亦能助战，惟不出口；曰预备战船，系于公司商船选其合式者，用以载兵、运饷，置炮位，亦入战队；曰后备兵船，常备兵船有伤亡，则用以挑补；曰缉私兵船，则又分隶于海关。

水师兵船数量

余觅得英国近年水师兵船表，命参赞黄开甲译录，计英现有铁甲、鱼雷、炮船五百四十八艘，驳船之属九十一艘，屯船之属四十九艘，巡船一百零七艘，预备战船五十艘，后备兵船九艘，缉私大小兵船五十四艘，统计英国共有兵船九百零八艘。师船中设有翻译官，又别有陆兵翻译，须通各洲各国方言。陆兵无事，则习风涛，充水手诸役；有事则登岸，羽翼水军，遥为犄角。此又英国水师规制之大略云。

达迷斯河（泰晤士河）

二十四日　早起拜发奏折、奏片，并发外务部文件，交驻英使馆转寄。未正，偕诸参随等赴达迷斯河一游。夹岸文树幽翳，嘉卉缤纷。笙歌之声，繁遏相答。河中泛小舠，仅容两三人。爰命翻译印须载登方舟泳游，足资容与。游毕，赴客店晚餐。闻上游风景尤胜，惜时已曛黑，

28,5,24

未及周玩。命驾遄返，抵寓已交亥正矣。考英国商务致盛之始，迄今约四百年。从前欧洲开辟商务最先之国曰希腊，曰罗马，曰西班牙，曰葡萄牙。此皆居欧洲南境。在欧洲北境者，惟丹国一隅。英人通商之初，稍稍与丹合力，寖师其法，然只在近岛口岸经营，未遑远贾。迨后丹之水师为英所败，英国势勃兴，一意振顿商务，遂为欧洲之冠。又推扩及于他洲，无远弗届。原其宗旨，厥有两端：一曰坚忍，一曰自然。从先希腊各国商务由盛而衰，偶有蹉跌，每至一蹶不振。英人则善持盈虚息耗之数，辄能再接再厉。此固由合力之厚，亦由其秉性坚忍，实有为无弗成、成无弗久之志也。至于自然之旨，尤为商务第一要键。盖官之于商，只任保护之责，自商税而外，凡一切贸迁生计，皆听民所自谋，无有用压力以摧折而窳庸之者。此商战之所以辄胜也。史迁之论货殖曰："善者因之，其次利导之，其次教诲整齐之，最下与之争。"郭橐驼之论种树曰："其本欲舒，其培欲平。勿动勿虑，去不复顾。他植者旦视而暮抚，甚者爪其肤以验其生枯，而木之性日离。"斯数言者，皆自然之本。英人用其术以治商政，不特无扰累之事，亦绝无牵肘顾忌之忧。是以元气煦育，和义而美利生焉。至于商税之则，其权操诸议院，而举议员之例，其权又操诸商民，命脉贯通，联络一气，斯则无待发征期会，不求而民自出之。是故余入英国，考其工业，自织布、造船而外，他无所闻也；询其土产，自煤矿而外，他无所闻也。然其商务卒能甲于地球者，盖由前

英国商务繁盛之由

贸迁生计听民自谋

英国商务甲于地球

之说俶落于民性，由后之说荄滋于国政，非无故矣。当中国乾隆年间，英伦有斯密亚丹者，著《原富》一书，综论工作之巧拙、本末之重轻，又论赋税、钞币之法，最为完备。而计学家有名罗哲斯者，尝推阐其义云："国家害富之事，邦国外侵，不若庶民之内讧；庶民内讧，不若秕政之时行。"又曰："上惟无扰，为裨已多，而一切上之所应享、下之所宜贡，则定之以公约。"斯义昭然。盖国家所以积贫致富之繇，判于斯已。余觅近年英国商务进出口货值表不得，仅得西历一千八百九十五年货值数目清单，计进口货值，英国本国五垓二京九兆零零三千四百五十七磅，印度属地五京九兆三亿二万三千九百一十磅，亚洲属地三京一兆零三万一千四百六十三磅，非洲属地二京七兆六亿四万一千七百八十七磅，美洲属地二京七兆五亿七万九千二百零三磅，西印度属地五兆八亿六万七千六百八十七磅，奥洲属地六京五兆九亿五万九千九百七十七磅；出口货值，英国本国二垓八京五兆六亿零四千四百九十三磅，印度属地六京六兆零一万三千八百二十磅，亚洲属地二京七兆一亿零一千五百五十五磅，非洲属地二京七兆三亿九万七千三百二十一磅，美洲属地三京一兆六亿九万二千六百四十九磅，西印度属地五兆零八万一千一百六十磅，奥洲属地七京二兆八亿三万六千三百二十磅，统计进口货值七垓四京六兆四亿零七千四百八十四磅，出口货值五垓一京五兆七亿三万零三百一十八磅。

《原富》

进出口货值

28,5,25

英轺日记卷七

五月二十五日　巳初起程。英后派副礼官、英外部遣参赞官至车栈送行。比国驻英公使，暨张星使德彝率其参随，均来送。旋乘专车至都华海口，比国奥士登提督梯高而士，暨比君所派向导官副将裴罙、都司威大美、守备维理亚，携舟来迓。英都华巡抚送于舟次，余遂乘比轮渡海。未刻，至奥士登泊焉。奥埠为比国海岸，沿边平沙汗漫，水浅利涉，故商务不繁，而风景清淑，欧人每当盛夏，纳凉于此。比君亦于海边建行宫，今适避暑至此，派外部大臣华货罗、内务府大臣渥陀罗幔、驻华公使姚士登，登舟致意，订期相见。余命翻译官刘式训传语，深道感谢。登岸时，排队奏乐，略如英埠接待之仪。申刻，乘宫车至客店小住。驻比代办使事刘玉麟，呈递游比事宜节略。此次衔命欧洲，姚使时尚在京，即奉比君电谕，邀余游历。到此适馆授餐、住宫阅厂，皆由外部酌定，备极殷

离英

至比利时

比利时为中立国

勤。考欧洲昔年群雄逼处，分并离合，变故极多。比利时立国自主，实始于西历一千八百三十年，各国互立专约，永为局外之国，不与争战，并不得自设舟师，亦无武备口岸。开国至今七十二年，耀德不观兵，可称福地。今比君为开国第二世，年六十有九，学问渊粹，著作裒然，盛暑严寒，手不释卷，可谓好学也已。

比君好学

谒见比君

二十六日　午刻，率参议等各赴行宫，谒见比君。比外部及内府大臣等，在宫门相候。比君佩带上赠黄带珍珠宝星，迓至穿堂，握手为礼，偕余入宫坐谈，敬问皇太后、皇上起居，随询余长途跋涉，颇耐风涛。余随宜应对。少顷，辞退，比君送于门外。余归寓，比君即徒步至寓答拜，余亦迎送如仪。晚赴宫宴，余与比君比肩坐。同席者，比外部、内务府大臣、姚公使及卢汉铁路总办沙多等，比公主亦在座。宴毕聚谈，比君亟称翻译刘式训法文精深，未易多觏，余亦逐一周旋始散。按：比利时亦君民共主之国，故政事多出议院。以全国户口多寡准议员人数，每四万人例举下议员一人，上议员半之。今户口共六兆三万二千有奇，故上议员七十九人，年在四十岁以上者合格，每任八年，四年一举，更其半；下议员一百五十八人，年在二十五岁以上者合格，每任四年，二年一举，更其半。各省会有另举上议员法，亦以户口多寡为断，计二十六员，不在正额之内。议员公举议院总统一、副总统二、文案四，冬集夏散，每岁议事不得少于四十日之数。议事时，掣签分班二，以五十人为率。各班中复各举数

比利时议院制度

28,5,27

员，合为总班。遇事先拟一稿存院，由各分班先行拟议，告于总班；总班拟议，复告于分班，以可否人数多寡定议。陈奏候批，则维君命是听。

二十七日　乘火车至布鲁树埠，阅新开河及海口。布埠昔为通商口岸，嗣因沙涨，增地四十里，悉成田庐，海 参观人工河
舶不至，商务减色。近仿苏彝士河法，掘地为渠，节节为活坝以束水。坝岸有电机，舟行且至，一人按电，则坝转傍岸，舟行无阻。督工大臣柯山出图相示，手指口画，深得窾要。海口石堤环如新月，因地势平衍，借以蔽风。时河工已毕，堤工方过半。法以铁为外椟，以塞门德土为内椟，中实以块，方广逾丈，以启重机悬置海中，堆垛为垣。其质性坚重，故洪涛巨浪不能动摇。阅毕，顺道至工艺局一览。西人名此为赛会，凡金木陶匏器皿，新旧各 参观工艺局
式，罗列满室，以考验今昔工艺之高下。绒画、油画，皆数百年前旧物。有仿古织纱女红十数，略如吾华辫绦之法。盖近时通行机织，手艺几至失传，此室借以教工，存古制也。是日布埠总督钟西尔请宴，酉刻归奥士登客寓。

二十八日　将赴比京，比君订舟中茗叙话别。午间至海口，比君迓于舟次。此为比君游船，四桅双筒，舱中卧室、书室、客堂、餐所布置精雅，陪从臣工各有起坐之所。比君赠余小影，导余观览，并至舱面望海，告余曰："髦年精力差逊，案牍劳形，每苦疲苶。驰马击球，乘风挹爽，皆卫生要术也。"闲话片时，握手而退，遂登火车。至比京，比外部暨各大臣来迓。旋即答拜，入宫小 至比京

息。殿阙崔巍，颇极美丽。晚间赴外部大臣之约，中西宾

刘玉麟 客二十馀。比相德司的乃、府尹夺莫寒暄数语，余虽通名，不甚能辨识也。外部极称代办使事刘玉麟精明强干，长于外交。刘道系美生出身，驻美、驻英、驻比，在新加

比利时行政机构 坡尤久，实襄办交涉资格极深之员也。按：比京行政分隶八部，曰外部，曰吏治学校部，曰户部，曰兵部，曰刑部，曰工部，曰农部，曰铁路电线邮政部。部有正、副大

外部 臣各一人，馀则分司理事。外部有掌出使文牍、颁赏宝星之司，有掌交涉礼节、争辨事理之司，有掌各口领署文牍、选派领事之司，有掌本署经费印信之司，有掌条约清

吏学部 档之司，有掌本署书库之司。吏学部有掌各省府县事宜之司，有稽全国户口议员学堂人数、岁出岁入款项之司，有稽兵额、饷项之司，有掌专门大学堂之司，有掌中学堂之

户部 司，有掌小学堂之司，有掌学堂体操、油画之司。户部有掌帑藏、国债之司，有掌收放款项之司，有掌经费、禄予、抚恤之司，有稽核出入款数、预计盈朒之司，有掌国家放债之司，有掌收验质银之司，有掌税银、税契之司，

兵部 有掌关税、业税之司，有掌官家产业之司。兵部有掌文牍之司，有掌电报之司，有掌征调营兵之司，有掌征调常备、后备各兵之司，有掌武备学堂之司，有掌记录全球行军良法之司，有掌记录各国兵额之司，有掌兵官迁调、恤赏之司，有掌行军、募兵之司，有掌修理兵械之司，有掌修械经费之司，有掌行军修治桥路、电线之司，有掌行军地图之司，有掌兵官薪俸之司，有稽察各营经费之司，有

28,5,28
掌营兵衣履车马之司，有掌行军医药之司，有总察各司办
事之司。刑部有监管印信、花押之司，有掌刑官升调之 刑部
司，有掌本署翻译之司，有掌京外刑署经费之司，有掌京
外刑曹薪俸之司，有稽察监狱之司，有掌案牍之司，有掌
囚数之司，有增修律例之司，有稽察全国婚嫁、生齿增减
之司，有稽察赦典、保护孤孩废疾之司。工部有掌全国矿 工部
务之司，有掌监察工艺之司。农部有掌本署经费之司，有 农部
掌田产播种之司，有掌汽水树艺之司，有掌古迹牌坊、油
画之司，有掌桥梁、道路、官产之司，有稽察民间饮馔损
益之司，有察牛油、察鱼肉之司，有监造民居之司，有掌
本署各司律例之司。铁路电线邮政部有掌本署经费之司， 铁路电线邮政部
有掌本署恤赏之司，有掌本署争辨事理之司，有掌铁路文
牍之司，有掌铁路岁出岁入之司，有掌铁路图表、稽察分
局之司，有掌抚恤老病工匠之司，有掌本署迁转、记录功
过、监造车场、建设路灯之司，有修造机车、器用、绘图
之司，有掌各局开车时刻、给发器用之司，有掌运货、搭
客价值之司，有稽察逐日收款之司，有管发售邮票、转递
信函之司，有掌修造电线之司，有掌收发电报之司。各司
分数阶，以所司之繁简，定额缺之多寡。此比京设官分职
之大略也。

二十九日　晨往阅总会。总会者，议事之所。凡地方
政治、四民事业当因当革当损当益，皆于此集议。厅事惟 参观比京总会
府尹专席，馀座环而拱之。府尹举于民，国君从而命之，
受禄于国。例任满则退，得连举，亦得阅任重举。其译义

为民长，犹古之乡大夫。译者以其势分尊宠，以巡抚、府尹、知府诸官名代之，实不相类。民间婚嫁，男女必至会书押，生死亦以报。此固民事之枢机也。府尹夺莫陪阅一周。向导官请余至报馆一览，排印敏捷，一小时能出万馀纸。时已傍午，遂回车比外部，比相代比君请宫宴。午后，乘马车至兵营房阅操。营规整肃，甲帐鲜明。余遣刘式训译语慰劳，诸将答谢，彬彬有礼。按：比国兵制，兵分七类：曰步队，曰马队，曰炮队，曰地雷队，曰转运队，曰巡捕队，曰管电线队。步队又分四类：常兵十四队，猎兵三队，皮帽兵一队，快枪兵一队。马兵又分三类：猎兵二队，行导兵两队，长矛兵四队。炮兵又分三类：管炮九队，炮手一队，工作一队。地雷又分二类：管雷一队，修桥一队。转运、巡捕、电线无分类，各一队。挑选兵丁法有三：曰筹选，民年二十以上，掣签充练；曰投效，民年十六以上，准自请效力；曰倩替，筹选不论门第，有不愿者，出资倩代。当兵以十三年为限，限满归本业，愿留者听。营哨官以武备卒业学生考授，间由精兵简选。全国兵官三十员：总兵一、副将一、游击四、都司三、守备九、千总七、把总五。比为局外之国，兵不出境，兵额尤鲜，然训练甚勤，人皆肄武，亦有备无患之道也。

报馆

阅操

比利时兵制

挑选兵丁之法

六月初一日　乘火车至安华士埠，客店小住。安埠为比国文人荟萃之地，人民蕃息。驻京姚使即安埠人，闻已先一日抵里。饭后访之，见其夫人及两弟，赠余花球，意

28,6,1

殊慇慇。渠乞假返比，将以是月航海赴华，骁骁原隰，彼此有同揆焉。旋至海口，道经船坞，穴地成湖，修造商舶。全国商船约百艘，半为帆船，半为轮船，约载几万馀吨，往来五洲。他国商轮，亦多舣此。是以商贾云集，帆樯蔽空。环球瑰货，积于陵阜。本国不产煤油，皆贩自美洲，筑石为池，储蓄甚富。且与民居、货栈栉比，不闻有流毒灾害之患。盖备御周密，无意外之虑也。旋又至其炮台。台外覆土，遥望如堤。其中羊肠蟠道，迤逦相属，重轑复室，罗列枪械。台有穹盖，形如覆釜，所以蔽巨炮，免为敌击。盖颠有孔，径仅逾尺，拾级露顶，可以眺远。炮位亦以电机挽运，略如舟师之制。薄暮归寓，华商张尧艮来见。张浙江鄞县人，居此二十馀年，娶比人为妻，权衣西服，然犹辫发，颇见重于比人。闻余至，率其妻以花球献。自言在比贸易，颇足自立，近拟集华股，立公司，于此为华人创，其志良可嘉也。晚赴总督高恩尔司约，酬对如仪。

观船坞

观炮台

见华商

初二日　乘火车至利喔士埠，客店小住。是日为西人礼拜期，厂市停工休沐，抵埠时，男女夹道，观者如堵墙，谛视皆衣履整洁，绝无褴褛。推求其原，盖有二故：一曰劝农。英、法诸国无限田之制，豪富坐拥膏沃，收其羡余，而庸民袯襫沾涂，仅足以供租税。比则公田口井，人自为耕，家有不涸之仓，野有盈车之茎。是以税衣就功，家给人足如此。二曰励学。书、数二艺，实为万事之原，舍此则工不可以程能，商不能以致远。余考比国学

劝农

励学

堂，共有六千九百五十六所。为大学者二，岁费二兆二亿佛郎；为中学者一百五十，岁费三亿佛郎；为小学者六千七百四十七，岁费一十九兆佛郎。大学为专门者九，曰政治，曰律例，曰格物，曰教术，曰武备，曰医学，曰化学，曰矿学，曰电学，曰桥路工程学。大学惟男子与焉，中学男倍于女，小学男女半。中学有男、女师范学堂各二，小学有男师范学堂十九，女师范学堂三十四。师范卒业给领文凭，始得充教习。学堂隶于吏学部，设专官，岁时稽考，童子有游惰不入学者有罚，考课超群则奖之。至于铄金镂木、分苞烧殖之技，率备于普通学中。由是师巧工良，指与物化，为货骈阗，不胫而走，其致富非无本矣。人每称比利时以工艺立国，或因近时商务日盛，又谓其以工商立国，而余于其劝农、励学，始知四民各有本业，不可偏废。《尹文子》曰："老农、长商、习工、旧仕莫不存焉，则处上者何事？"谅哉是言也。

（致富有本）

（参观铁厂）初三日　乘火车往斯冷埠，阅铁厂。斯冷多矿产，煤、铁皆备。建厂开采，已数十年，随时增拓，绵亘十数里。镕铁锅炉横排多具，高逾寻丈，大可十围。旁有铁桥，缀以机炼，挽运煤、铁诸物，实之于炉。炉下有门，瓦槽相接，铁成流质，自槽入模。及炼钢，则入铁于巨瓮，悬置低炉，受热复化乃出瓮，以机转侧之，铁中杂质喷涌而出，势如飞瀑，授之以范，渐自凝结。然愈烈愈柔，必乘其未寒而锤之，乃能制器。是厂适有新建锅炉甫落成，未尝开用，总办吉林河出秸秆，缠色丝，燃火授余

（炼铁）（炼钢）

28,6,3

引之，谓余曰："锅炉十载一修。不修，不停工，不息火。鸿泥所印，口碑弗替矣。"又指炉边钢板告余曰："燋炭热力上炎，过猛不泄，则热气旁行，恐有炸烈之患。此板凿孔如蜂房，以杀其势。"新法保险，虑至密矣。厂有造铁轨机，两轴高下衔接，轴齿凹凸如轨形，右丰左啬，以条铁入轴，递啮之，至末齿而轨成。此为芦汉铁路所造。以吾华产铁之富，江、鄂、闽、粤建厂多年，此等工作至粗至浅，犹不能增机自制，运用于数万里外，耗财费时，利源外溢，良可惜也。又至炮厂一览，体段与英伦炮厂相似。往时厂宇狭隘，制造不敷本国之用，转购于德之克虏伯厂。近时逐渐开拓，国家所需，尽归承办；复以馀力，为英、德诸国代造，官收其用，民获其利。此亦鼓励工艺之明效也。是日天气炎热，竟日周历，殊觉疲苶。归时易车而舟，两岸绿树阴浓，清风拂拂，中流容与，殊为畅意。

造铁轨

中国利源外溢

鼓励工艺之效

初四日　利埠总督托罗西约早宴，旋乘火车往尔士他卢埠，阅枪厂。厂屋沉沉，迤逦连接，机柜栉比鳞次，百十成行。所造枪枝，有战枪、猎枪、防身手枪各种。昔时连珠、毛瑟及哈乞开司，皆称利用。今以其运动不灵，复改新制，枪末曲柄可纳五子，每一启机，则五子连出。鸟枪双管、三管不等。手枪小仅盈握，弹制与战枪略同。造枪钢质，皆由斯冷铁厂练成运此。造成之件，复以机器试验，必不爽毫发，始得装配。钢质刚柔，各有定率。设一机件有上下异宜者，则涂其半以燎之。此中功候，取判几

参观枪厂

五子连出新枪

不爽毫发

微，独非人力不办耳。机簧繁密，百种千名。总办佛兰呢逐一指点，颇不惮烦，措余不解方言，曩又未习象数，无从问难，以究其蕴。询知日用工匠千五百人，男女各半，以成物件数论值，不以日计资也。余闻比国税薄工廉，奖励工艺，故工厂云连，进步甚速。而各口关章税则，凡有关学问、有益民用之物，如书籍、报纸、仪器、化学材料等类，皆得免税，馀或值百抽十、或十五、或二十，以获利之难易，定纳税之轻重。惟烟、酒无益于民，进口百斤，纳税三百佛郎，多于物值几至倍蓰。关税为国家自有之权，非特消息盈虚以制国用，且物有损益利害之殊，亦不得不为之区别也。

工人计件论值

进口关税各有区别

参观煤矿

初五日　余初定是日往巴黎，因马烈文煤矿巨商瓦尔鸠请余游厂，乃展行期。巳初，乘火车赴矿厂。此局凡十一井，皆以机器挖煤。井中煤气氤氲，遇火则燃，为害固烈，窅窵无光，亦难措手。工人所持灯，制穹罩小口，复以极密铁丝为络，使热气缓散，煤气不得相侵。下镂小孔，使养气潜入活火，煤气仍复隔绝。器甚小，而格致之理甚精，亦非专门之学不为功也。此厂为瓦尔鸠祖父私产，积资百兆有奇。瓦幼习矿学，年甫二十馀。辰初必至厂督工，躬亲庶事，暮则持筹握算，寒暑无间怠。西人志坚力勤，致富保富皆原于此。余顺道至玻璃厂、车厂一阅。晚宿瓦家，宫室崇丽，园囿花木毕备。盖旧时为比君行宫，半遭回禄，以售于瓦，颓垣败壁，犹存一二。堂中罗列各种矿石甚富，各有标识，惜晷短难译，不能深究。

西人志坚力勤

28,6,5

余考比国矿税甚薄，每矿场十法方里，岁税十佛郎，此为井税；又收其馀利十之二五，此为货税。惟须岁撰出入详表，以备考察，不徒知其盈绌之数，兼以究其利病，法有不善，则及时更张。余又考比国所征课税，约十二宗：曰地税，值百征七；曰业税，计利十二征一；曰矿税；曰关税；曰印花税，一切文凭、票据，皆计数征纳，别有专章；曰房税；曰门窗税；曰器用税；曰仆税；曰马税；曰自行车税；曰犬税。按其所征，大率取于富民者多，取于贫民者寡。又多方为乐事劝工之法，以期藏富于民，故其民富，而国用因以日饶。余以其近五年出入预计表，求其中数，约得六百兆佛郎。以近时磅价计之，实得华银一兆八千万有奇。其壤地不及中国十之一，而国家岁入逾倍，知理财之道，固不容损下以益上也。

矿税甚薄

比国税收

民富国饶

理财不得损下益上

英轺日记卷八

六月初六日　在比将行，因念游比旬日，承比国君民优礼接待，令翻译刘式训拟书致谢比君，并属刘玉麟持简赴各部省大臣伸谢。此行所至，各埠排队奏乐，官长礼服迎送。而所乘火车，则由其铁路大臣饬属备办，因知其全国铁路，皆以官款造筑，计长四千五百五十一法里，并无税，例岁有盈馀，以作增造之费，四通八达，亭皋相望，学堂列桥路于专门，通货贿，利行旅，视为政要如此。向导官裴罘等，出入偕行，行将分手，意殊缱绻。忆前日与余谈音乐，谓春间闻余将游比，比君饬乐部肄习中国国乐。西例，奏国乐，则其国人免冠恭听。裴罘前因刚果订约充专使到华，未闻中国有国乐，今连日所奏华乐，不知所自来，因以见询。余告以此乐为曾侯使英时所作，曾经咨明总署，非国家所审定也。裴又谓："此乐声音啴缓，令人易倦。国乐宜有蹈厉发扬之气，然后顺气成象，民志

比国铁路官款造筑

曾纪泽所作华乐

28,6,6

奋兴。声音之道，人情之所不免，臧骨髓，浃肌肤，情发于声，治乱斯应。故国不可无乐，作乐尤宜审正。”余不知音，而此游时聆西乐，率皆大不逾宫，细不过羽，每至翱籥繁会之际，未尝不人与天调，知裴言不余欺也。午初启行，刘玉麟暨裴罘等送至交界而返。申正，抵巴黎，法外部遣微席叶迓于车栈。微曾署天津领事，操华语颇精。星使裕庚亦来见，遂至客寓闲谈。知日本小松亲王适同寓，即往拜，适赴法总统约，未得晤。闻已定明晨往西班牙补贺亲政计，十一归巴黎。

国乐宜正

抵巴黎

初七日　余以比君赠宝星，电外务部代奏，兼作家电问安。旋往拜法外部及法相、上下两议院议绅。按：法兰西古为高卢。汉、晋时，属罗马。齐、梁间，日耳曼郎哥部酋长有哥易路者，侵罗马，据高卢地，遂以立国。旋建都巴黎，国号法兰西。玉步数改，曰墨罗邠朝，曰加鲁令朝，曰加北珍朝，曰瓦罗斯朝，曰不尔奔朝。当加鲁令之世，国强盛，有谊辟曰沙利曼，缮甲兵，修政事，文德武功，焜耀史乘。尝征选议员千人，春秋议政，实为环球议院鼻祖。其大经大法，亦多权舆于此。不尔奔朝有君曰路易十四，抑议员，重门第，而君权炽。至其子路易十五时，豪强恣横，民不聊生，乃举行民会，寻又改为国法议会，汹汹殆不可遏。至路易十六时，逮议员下之狱，而变生矣，弑其君，立筹国会，檄邻邦之民相助，行民政。英、俄诸国遂联军平法乱，法几不振。拿破仑时为炮卒，拒联军，号善战，遂以复国，有帝位。拿破仑败，法人立

法兰西立国大略

环球议院鼻祖

路易十八，寻废之。举拿破仑第三为总统，不数年复称帝。西历一千八百七十年，与普鲁士构衅，大败于师丹，拿破仑第三俘于普。法人割地偿费以请和，乘机定制为民主国，迄今三十二年，未尝有改。此法兰西立国之大略也。

见法总统

初八日　率参随等往见法总统。至廨所，有法兵侍立于门外，法外部德加赛及内府大臣迓于门。法总统鲁佩立中庭，握手为礼，偕余入内室坐谈。总统敬问皇太后、皇上起居，余命翻译官刘式训译词应对。复偕余至燕寝，见总统夫人，寒暄数语出，总统送至阶下。酉刻，法外部代总统来答拜。案：法国自一千八百七十一年改立总统以后，设官分职，屡有沿革，而现立之部，计十有一：曰内部兼教务，曰刑部，曰外部，曰户部，曰兵部，曰海部，曰文部兼艺科，曰工部，曰农部，曰商部兼工艺电邮，曰藩部，均以大臣一人总之。各部职事，共分三等，除大臣之内文案处，外有司、有股。司与股同等，惟事之繁简有别。司分数房，股亦然。房有房官，长、副各一。此外在官人员，有主稿、随员、书库正、书库副、档房长、档房副等名目。至政府选派暨民举各员之办法，计通国郡守八十九员，县令二百六十八员，皆隶于内部。又各县有专署，理审判事务，署各三员，是为初级理官。其上有提问衙门，通国三十六署，分辖八十六郡。又其上为巴黎总裁判院，理事者四十九员，则皆隶于刑部。国家于基督新旧两教、犹太教、回教，均认为一律。各乡有官教堂，有官

法国现立十一部

政府选派之官

28,6,8

教士，皆隶于教部。其他如专使、例使、参随、领事，则为外交官，隶于外部。税司、关吏隶户部。二十镇陆营隶兵部。五镇海军隶海部。十六路学校隶文部。又如商务邮电等局，矿路桥道等差，以及农利土田则有十馀处，藩领各镇则属国数十处。其所派之官要皆分归各部，由各部大臣令其升补，请命于总统。是为政府所派之官。若夫民举之法，始自乡董，由乡董中举乡官。合数乡为镇，镇选一人，贡诸县董局，是为县董。复选一人，贡诸郡董局，是为郡董。又县举一人，十万人以上举二人，贡诸都城，集于下议院，是为下议员。各郡下议员、郡县董及乡董委派之员，集于郡，举而贡诸元老院者，为上议员。上下议员得公举总统。是为民举之员。凡各部大臣举措之权，俱操于总统。或事有为议院所不许而共加斥摘者，则各部大臣均请退，另由总统选一人为内部首相，商请保举人员，以为各部大臣。其间或留或另派，皆由新首相举定，而请命于总统。至国家庶务，若但奉行成法，则不必询及议员。若改易例章，或行新例，则应交于议院，议院即举专员数人，查核新章是否可行，择日再行会议，以决从违，定夺后送交内部，撰成例文，由总统及大臣签字，登入官报，即由内部传谕郡县，以达各乡。其应用款项，及请定预算数目，须先交下议院核准后，乃呈上议院覆核。经两院许可，始准施行。此法国议员与廷臣职任之大略也。外郡郡守之外，有郡董。郡守当督率属员，推行朝政，查照郡董之议，为本郡兴利祛弊。凡郡董与议本郡事，其职有五：

民举之法

议员与廷臣职权

郡守郡董

定经费，分赋额，查公产，议工程，定税厘。此外如有条议，亦可于公会宣读。议院议行之例，若关系大局者，各郡一律奉行。至于县官，惟居郡守、乡官之间，承递号令而已。县董所有之事，则惟将本县应纳之赋按乡分派，其外别无他职。乡官则职守较重，所司有七：一户籍，二判断，三号令，四选举，五征召，六赋额，七警务。其外如公董议准之件，亦均归乡官办理。乡董之职，大端有五：一处置公产，二添改局卡，三筹定公费，四摊派正赋，五修治道路。以上五项议定后，呈请郡守入奏，批准后乃由行政之官次第奉行。此法国外郡各官职掌之大略也。

县官县董

乡官乡董

初九日　午刻，接奉外务部电一件，本月初八日奉旨："直隶候补道梁诚，著赏加三品卿衔，派充出使美日秘国大臣。钦此。"复奉家电一件，询住法京日期。当即敬谨拟覆讫。案：法国议院之制，上议院人员共计三百名，有为戴巴尔德莽所举者，亦有为本国属地所举者。戴巴尔德莽，译即中国各府之谓。其所举员数多寡，初无定额。迨一千八百七十五年，定议员中七十五名归议政大臣所举，为常议员，其馀二百二十五名归各戴巴尔德莽及本国属地所举，九年一任，满任另举，是为散缺。遇有常员缺出，即于其中遴选一人接充。至一千八百八十四年，复定新例，嗣后遇有常员缺出，即改为散缺，令各戴巴尔德莽陆续选举充补。下议院人员共计五百七十六名，四年一任，满任仍可再举。议举时，按刚东分派。刚东，译即中国厅镇之谓。每刚东举一员，若人数逾十万，可于例举之

法国议院制度

下议院议员人数

28,6,9

外另举一员。是为法国议员定额。载考其选举之制，上议员为戴巴尔德莽及各属地所举者，选举时，众皆书名投匦，以所举人数多寡为定，用示公允。各戴巴尔德莽俱设有专署，职掌乃事者，首为下议员，次为府县各参议、乡绅等。至下议员，则为本高米讷花名册所录之人所举。本高米讷者，译言乡闾也。当选举下议员时，总统须先期示谕，秉公举报。傥人数众多，则谕知府分段举办。至合例与否，则统俟下议院开议之日查办，首查所举情形是否有当，次查公举之人是否照章举报，以杜弊端。凡国民中欲举上议院之选者，须年满四十、通达国政、熟习律例者，方得承充；欲膺下议院之选者，须年在二十五岁以上、从未干犯律法者，始准应举。定例綦严，亦所以绝夤缘、澄流品也。

上议员选举之法

下议员选举之法

议员候选资格

初十日　是日为西历七月十四号，系法国改民主之期，例请各驻使阅兵，外部先期折简相招。午后，至演武厅。操场宽阔，马、步、炮队约万馀人，有总兵七人，率亲兵持大纛，至阶前立。总统出功牌，亲手悬旗上，遂鸣鼓整旅而行。先步队，次马队，次炮队，但观步伐，并不演战阵事，殆即古人观兵之意也。酉正归。考法议院议事章程，西历一千八百七十五年例，载定法之权仅归上下两院。无论何例，非经两议院议定，不准施行。总统与上下议员，有商请定例之权。凡关财政各例，应交下议院先议。其余则总统或下议员欲定何例，可将例情交上议员核议。若上议员欲定何例，亦可一律照办，将例中情形交本

法国阅兵

法国议院议事章程

院人核议。凡一切商请上议院核议各例，必先派数员查明例情，而后由众商办。至内治、外交遇有办理失宜之处，上议院均可驳辩。民间或投呈驳辩事宜，上下两院均可收呈，代为剖析。例中有专归下议员先议者，即责成下议员办理。其为上议院先议者，下议院亦当复议。至下议院议事与上议院无异，议事以前，亦当先派数员查明例情，而后公同辩论。若内外政治有办理失宜之处，下议员亦可驳辩，以从数居多者为定夺。所定之例，执政大臣如何施行，下议院随时查察。民间有上呈驳辩者，下议院即责问该管大臣，令其查办。凡上下两院年中议事，有一定期限。正月内第二礼拜三为开议之日，议事日期归总统截止。于常期外，设有应议事宜，必取两院人员从数多寡为定。议事亦可展期，由总统定夺，惟不得逾限一月，年中可展二次，不得再展。凡总统与两院往来，用公文。文到时，责成一大臣在议院宣读，部院大臣均可赴院与议。其两院议定之例，或总统不即谕令施行，则当颁发明文，详载不可遽行情由，以便议院复行核议，上下两院亦即遵照办理。至总统欲于期前解散下议院，非由上议院允从，则亦不能举办也。

（定期议事）（总统权责）

十一日　戌初刻，法外部请公宴。同座宾主共百馀人，酬酢尽欢，亥正散。考法国财政，户部大臣有管理正杂税务及一切兴利事宜之责，而一切出款，如各当差人员薪俸，及国债利息、学堂津贴费等项，均归户部大臣发给。各府中出入经费，由户部派有总管税务一员权理。各

（法国财政大略）

28,6,11

县则派有管理收税务一员，收存县中进款；于征收正税时，各按县中地段分办，派有收税委员管理。至岁入之数与岁出之数，及照例议准各经费，均当预定于本年以前。凡预定截止日期，仍可截至本年八月底为止。所有常年经费，先由户部大臣筹议各条，发归下议院会议。如所定常款遇有不敷，或额外浮出用款，宜照例另议拨用。其应出之款，或归各部大臣行文支领，或归部员奉文支领，均宜按照所议常年定款办理。又支款、发款二事，不准一员兼理。查法国户部近年出入款总数，一千九百零一年入款计三千五百五十四兆五十一万四千四百十八佛郎，出款计三千五百五十四兆零六万五千九百六十二佛郎；一千九百零二年预估入款计三千六百兆零六十一万九千七十八佛郎，预估出款计三千六百零二兆三十三万三千二百四十四佛郎。 法国财政出入总数

十二日 晚，法总统请观剧，清讴为多，闻所演俱系史乘中忠孝节烈之事，惜不达语言，无繇稔知其事也。亥刻归。案：法国税课章程，有正税、杂税之别。正税有四目：一田地、房产税，一人丁、器具税，一门窗税。此三者为按名收纳之税。又一为行业应纳之税。此外尚有别项税目，并入正税内，如开通河道、修筑街道以及学堂经费、商务局费，均由民间输纳。惟按名收纳之税，年内有一定款数。其应纳款数，由法律人员议定，即将所定之数，责成府县乡镇按名收纳，与行业之税无一定款数者不同。杂税者，系凭货物票据所定之税，如关税等是也。田 正税四目 杂税

地、房产各税，均按进利核计征收。征收之先，宜将田地、房产所有用项除净，下馀之利，即按年数核计，以中数征收。官道所有田地、房产，凡为官用者，皆免捐纳。此外为振兴农务，或为鼓舞工作，亦有豁免征收之例。田地、房产各税，每年按照国款议定征收。凡各府应行输纳款数，一一定明，府中参议人员派定县中应征款数若干，县中参议人员派定各乡应征款数若干，各乡复将此数按照乡民田地、房产均匀分派，按数征收。分定款数人员七员，内有乡官或副理乡官二员，其馀五员于纳税乡民内选充。人丁、器具二税，法人与侨居法地之人，无论男女，凡有力完税者，均宜按名完纳应纳税款，即按所派之数完纳；无力完纳者，由乡绅开具姓名，可以豁免。人丁税，即按名派定出力供役之税。供役日期以三日为中数，凡不欲出力供役者，准其捐免。应捐之款，按乡核计，年中归府参议议定，按日核计，总以五十森丁为少数，以一佛郎五十为多数。人丁、器具两税应征款项若干，虽按国款一同派定，然征收时分为两期举办，人丁税先行收纳，下馀多寡即按有器具之家派定完纳器具税，即按有器具之家器具所值核计捐纳。定法之人查明乡间房价多寡，进利若干，即可按照进利核计应征款项，责成管理税务人员分别派定。门窗税则凡沿途、内院门窗俱应纳税，其办法有三：一按人数多寡，二按门窗多寡，再按房屋良窳。屋中人数众多，捐款固夥。第一层门窗，亦比上层门窗完税较多。至仓廪、牧圈、地窨等处门窗，概不完税。工厂中除

田产各税

人丁器具二税

门窗税

28,6,12

居室外，亦不完税。教堂、公所所有门窗，一并免税。行业税有二：一为派定之税，系按工艺大小、人数多寡派定；一为按照行店大小分别核定之税，概以二十抽一。派定之税，即在乡间、行厂征收。至按照行厂大小核定之税，即按照乡间、行厂大小核定征收。凡行业未经免税者，自正月为始，理宜按月完纳。正税之大略如此。 行业税

十三日　外部遣微席叶来，导观武备学堂。堂在威赛故宫后，去巴黎二十馀里。马车行半时许，至学堂。监督迎于门，偕入。是堂本为法国女学校，当西历一千八百九年拿破仑帝法时，改为肄武之所，迄今九十馀年，悉守成规。分十斋，各有教习。生徒额千人，以年近弱冠者为合格。考取入堂，肄习马、步，二年卒业，充武职，为把总。非由堂出身，不得官统帅。有由此得名位、立功业者，悬其像于厅事，使生徒朝夕坐对，景慕之心，油然而生。旋至演武场，生徒排队，步伐不愆。演接战状，一人侦敌，持械独往，继以小队，又继以大队。西法接战必不全军猛进，得胜不追穷寇，虑触地雷、遇伏兵，则三军气阻。故自火器精而战事鲜，即战伤亡亦鲜，盖慎之也。骑兵据鞍望敌，遇敌则趋进，遇炮则还奔。鏖战方酣，忽出二马，束草象人骑于上，突而前。群跃马持矛搏击之，草人卒无恙。其教马知避就如此。设骑以冲敌，亦有恃而不恐云。酉刻归。案：法国杂项税目甚繁，就其要者言之，如酒税、盐税、糖税、契约报官注册税、印花税是也。酒税有落地税，如出售之酒一经运送，即应按照酒品纳税， 参观武备学堂 演习作战 法国杂税 酒税

酒主遇有迁移藏酒之处，酒家或欲转运联市之家，均不纳税。此外别有运送，必须照章完税。落地税则各按府分大小议定，府中地面分为四段，凡远距葡萄田之处，纳税较多。所分地段，立有定律，不容混淆。此外又有入内关之税，系按地方人数核定税款。人数未及四千者，入关之酒无税。其在四千以上者，理应完税，与落地税章程无异。至零卖之酒，复有零卖税，则应纳若干，即按酒价，以百瓶核计征收。酒家亦应报明税务司照例完税，发给收税单，方可出卖。盐税列在食物税内，每百计罗喀啦么纳税十佛郎。此专为法盐及属地之盐所定。其外入之盐，有出口税，税则不一，或按进口地方核定，或按载运商船所插本国或外国旗号核定。糖税其则甚重，惟属地之糖其税较轻。如自莱余宁及法昂狄意二处进口之糖，照例减税；其由欧洲内外所进之糖，或经他国商轮运入者，一体加税。盖为保护本国商轮及本国糖厂商务地也。注册税一为正税，一为杂税。正税多寡不等，各按契札议定。契札相同者，无分大小紧要，税价相同。至注册杂税，系按契章所开款项核计，每百抽银若干。如承袭契札、大小合同，或清债，或科罚，或判定清债事宜，应纳注册杂税。印花税：凡有文凭、契据于利权有关者，或应报明官府者，缮册时必须用印花官纸。纸类有二，一分尺寸大小，一分款项多寡，皆有一定用法。税价随纸分别，纸价最高者，每张三佛郎六十生丁，次者二佛郎四十生丁。告示、告白印纸，各有尺寸，其有按款项盖用印花票者，无论何项契

盐税

糖税

注册税

印花税

28,6,14

票，皆有定章。如商家合同、大小会单、银行汇票，各按所开款数纳税，自百至千佛郎，税五生丁；自千至万，税五十生丁。公司股票分票每百税五十生丁，十年外加税五十生丁。杂税之大略如此。

十四日　往观拿破仑庙。庙仿罗马教堂式，极闳敞。两侧为武备博物院，层楼相属，千门万户，藏古昔五戎三革隆冲渠幨之属毕备。中分两殿，后殿为拿破仑墓，筑石为阙，光文辉映，绘拿破仑生平十大战事以饰承尘。以当时所获各国旗帜悬四壁，以所获铜炮铸铜人二立墓前。石椁赠自俄君，色黑肉好。复聚其生前衣履、器用，藏于别室，而以其将帅之有功者从葬前殿。法人之于拿破仑，可谓不忘矣。考拿破仑为律师查尔司之次子，一千七百九十六年，当中国乾隆时，生于法南部叩喀海岛。少有大志，十岁时游学巴黎斯武备学堂，精晓兵法，冠其俦侣。一千七百八十五年，改革兵起，投国会党，任千总。一千七百九十三年，以平法南省海口玛色勒之乱，升总兵。其明年，为大将，提督意大利军务，以谗罢官。是时国会党甚众，摄行政事，百姓不服，复设新国会，旧国会举巴拉士治兵抗之。巴拉士素知拿破仑勇略，举以为副。拿破仑骤散新国会四万人，威名大著。又明年，赴意大利，招集旧部。一千七百九十六年，遇奥将统五大将军之师来征法国，拿破仑督孤军奋进十阅月，大小数十捷，于是奥及教皇并诸国，皆纳款行成于拿破仑，而意大利北半诸部小邦，胥夷为法行省。拿破仑不具闻于国会，擅处分一切，

拿破仑墓

法人不忘拿破仑

拿破仑生平

拿破仑大小数十捷

国会忌之而莫敢何。一千七百九十八年，国会恐拿破仑居巴黎斯夺其政柄，遣人说以取埃及，为进窥印度计。拿破仑大喜，遂率水陆师赴埃及，先夺取地中海玛踏岛，旋攻破亚力山大京城，进逼推罗。战于炎风沙漠之中，敌殊死战，良久竟溃，埃及平。方拿破仑之取埃及也，英知其谋，遣乃森御于地中海，及至而法兵舰已驶行，尾追至阿不其海湾，始见其舣泊处，一战烬之。拿破仑时在陆军，急趋叙利亚，攻据札发海口，欲北取亚克尔城，以图印度，而英将斯美先入，守城甚严，志不得逞，恐持久变生，疾驾小舟脱归法国。时西历一千七百九十九年也。当是时，奥、俄、英诸国谋讨法，而国会议论莫衷一是，法民皆思推戴拿破仑，惟国会不悦。未几，别党有怨于国会宰官，结以为援。是年十月，即护以健卒，直造国会，逐其党，立定新政体，仿罗马古法，立首领三人总揽国权，一为主而二辅之，下其议于国人，问可不可。时法扰乱十年，人方望拿破仑再造法国，皆以为可，推拿破仑为首领第一。拿破仑既专国权，见奥兵驻于意大利北境防堵，一千八百年，潜率将卒，逾最高之阿勒伯山，连败奥兵，意大利全土复为法有，往还不出一月。于是拿破仑首与奥国、意大利之那破利、葡萄牙、俄罗斯、西班牙修好，再与教皇和，自是边境安靖。拿破仑改革民主时政事，修理破毁陵墓、寺院、学堂，拨还教士充公田产。巴黎斯复建大学堂、博物院、藏书库、各科专门学。创褒赏式，有发明术艺、器械新理者，赐牌劝奖之。命律师定法律。立银

征战埃及

拿破仑等总揽国权

大行新政

28,6,14

行，便民交易。复发国帑二百万磅，以赈不足。罢爵位，
权勋者另为差等，务求益国益民，使人不受权势暴虐之
害。一千八百有四年，法人见拿破仑治国远胜国会中人，
共请即皇帝位于巴黎斯。于是共和之政，复变为君主矣。 即位称帝
明年，又立为意大利王。拿破仑既擅君权，思踞欧洲各国
之上，以为能平西班牙，即可取其南美洲属地，能平荷兰
国，即可取其南斐洲、奥洲，能平英国，即可取其印度并
北美洲。 千八百有五年，与英、奥、俄诸国战，皆捷， 征占欧洲
势甚张。复平荷兰、西班牙等国，立其兄弟、亲戚为王以
监制之。一千八百十二年，征兵六十万伐俄，俄人佯败诱
之，为清野计，法人无所得食，大困。及至莫至靠古都， 征俄失败
乃一空城。时值严冬，兵卒冻馁交侵，十不存一。拿破仑
令退师，被俄蹑击无算，归国愤愧，下令选兵。而西班
牙、葡萄牙、瑞典、普、奥诸国，闻法军覆，群思恢复故
土，起与英、俄连结，一千八百十四年五月，围攻巴黎
斯，执拿破仑，流诸地中海海岛，会于维也纳，议定各国 被执流放
疆界，俄、普擅权，英、法、奥三国私相盟，阅时八月未
决。一千八百十五年三月七日，拿破仑逃入巴黎斯，甫及 逃回巴黎
一月，兵大振。各国慑其馀威，无不愕然，急征兵，命英
大将危令炭、普大将普鲁切、奥大将西华潜山分队向法。
法兵不支，拿破仑诣英兵舰乞降，英复锢之大西洋赫连海 投降被囚
岛，监以兵。一千八百二十一年，卒于岛，年五十二岁。
余维拿破仑用兵如神，然终以好战败，与项王垓下之围如
出一辙，可为穷兵黩武者戒矣。

十五日　午正，法总统请宫内大宴。同座自总统及首相外，皆宫内官。宴毕，与总统款谭，颇为浃洽。申初刻，归寓。查法国外部之制，设大臣一人，每年给俸六万佛郎。此外员额共六十二名，额外行走者又逾数倍。其考取之法，必其人曾习法律、公法及外交、条约等学，于学堂卒业后得有专门凭单，始准赴考。考取后，在部当差，初不给俸。历试后，或补各司员缺，或升使馆领署、参随。或外派，或内用，皆须计功计资，以为行赏之地。如仪制局之总办古娄谢，位居各总办之首，而历官则已至全权大臣。又如翻译官微席叶，以东方言语科得凭后，在部当差，旋派驻北京使馆翻译，历升至头等翻译，后又升天津各口领事，到法后又升总领事，实则仍当翻译之职，并未莅领事任。此为借升使领、参随各等之第明证。至所派出使人员，皆即部内当差之员，而所补部司各员，亦即曾派使领各署之员。既不能取材他部，亦不使办外交者改服他部之官。盖西国最重专家，谓必使其人一生精力尽萃于此，而后服事有功，且令人不能视官如传舍，则于事亦无遗虑之处。是以无论何项政事，皆有专精之人，固不仅外交为然也。如有因年满辞差、或卸事在籍、或在事病故人员，犹必给与半俸，以示优恤。至出使员额，计派驻使三十六员，领事二百三十七员。每使馆参赞一员或二三员不等，随员多至二员。其翻译，则仅东方使领各馆设有翻译、通事等员。盖如邻近各国言语文字，为外交官者类能通习，即无须另设也。

法国外交部官制

西国最重专家

出使员额

28,6,16

十六日　外部遣微席叶来，约赴显理第四行宫游玩，并请试电车。车中与马车同式，惟前无辕，后安电柜。引电展轮，速率数倍，若疾行一小时，可行二百里，操纵在人。城市例不得骋，遂乘车至郊外，登山小憩。此为显理第四别宫，为政馀游息之所。丛木阴翳，一望无际，凭楼眺远，如收巴黎全境于尺幅之中，陈几案间。林中游人如织，或倚树观书，或握手谈艺。时见妇女二三，穿针引线，有事女红，虽游观，不荒本业也。申刻归寓。案：法国兵制，一千八百八十九年定律，国中子弟无论贵贱贫富，均当一律当兵，当兵年限自二十岁至四十五岁为止，以二十五年为满。在营效力时，或三年，或一年不等。其馀年数，则俟遇有军务，听候调用。乡闾年满二十岁之男丁，每年责成总甲官按名开单，开列后按乡分授张告。张告之期，以正月十五日为最迟。张告之后，复示以挑选日期。挑选宜择乡镇之首邑，当举办时，大众往观无阻。知县为督理，总甲官佐之。唱名后，兵丁挨次拈阄，阄置筒内。有未到者，其父母代拈。如父母亦未到，责成总甲官代为办理。按照阄中号数，开列名氏。遇有应免或减当兵年数者，开列呈明。拈阄后，俱按号数次第开单，交乡闾分别张贴。除有残废不克到营当差外，全国男丁俱应当兵。其有可以免充者数条，如无父母之长子，应留养幼弱者免；寡妇之子，或其父出外，须留养其母者免；父年七十以上，子当留养，或长孙曾孙，均免；兄弟两人，长者免充，或其兄业已当兵，弟亦免，或有兄弟当兵受伤或阵

试坐电车

法国兵役制度

当兵年限

征选办法

可以免服兵役条件

亡，理当留养者免；大书院师弟、义塾师长，或学生能代教读者免；教会内有名分之人，或教书或传道者免；年幼留养，或读书未成，经官验看后准其免充；又有年轻读书自愿团练一年，即许免充营兵。以上均由官给予凭据，准其免充。计现在法国兵额，步兵共六百零四营，每营约五

平时兵额

百人；骑兵八十五营，每营约六百六十人；炮兵四十营，每营约一千一百七十六人；又有守台兵二十二营，工程队七营，护粮马队二十队，每队约一百三十二人，执事兵共一万五千八百九十九人。统计兵数，实得五十七万五千名。是为平时兵额。此外尚有预备兵、守土兵，约共一百九十二万五千人，守土预备兵一百八十五万人。合正兵共

战时兵额

得四百三十五万人。是为战时兵额。凡正兵效力三年，期满即为预备兵；预备兵差限七年，期满后改为守兵；守兵差限六年，期满后改为预备守兵；预备守兵差限九年。预备兵遇有调遣，或奉饬回营，或赴操，即当各回本营听候。年中大操两次，每次限四礼拜；守兵则大操日期较预备兵每次减两礼拜。至预备守兵，除有军务守兵不足须调用外，平时并不调遣。又预备兵于正兵差满后准其完婚，但于分内营伍事宜仍当遵守。生有儿女四人者，免为守兵。

也鲁铁塔（埃菲尔塔）

十七日　未正，微席叶来，约观游也鲁铁塔。法人擅工程，有名于时。此塔占地数亩，支铁为四足，下广上锐，高三百迈当，合中尺八十四丈。有梯倚柱，仅容一人，盘曲而上。别有升车斜行，挽以铁索。塔分三层。下

28,6,17

层面积尚宽，间屋十数。上层、中层以次递减。易升车上，有屋数椽，守者具酒果，延余小憩。俯视齐烟九点，衢路如罫。塔临巴黎城河，望若襟带，舟小于苇。高处风甚厉，似吾华九秋时节矣。酉正，归寓。案：法国兵部验看兵丁办法，一为拈阄时定夺兵丁声明事宜，一为定夺兵丁应免应减效力事宜。验看时，知府为督理，验官共六员，有本府参议人员一名，参议府中事务人员一名，参议县中事务人员一名，总兵或武职大员一名，督理粮台人员、医官各一名。验看时，各镇各按总甲官所开年满二十岁之名单，责成医官按名验看，遇有身长不满一迈当五十四，或因身体孱弱不克操练军械者，展限一年听候验看。有残废者，即行豁免。验看后，即为定夺。验官中有僭法妄权者，准民间申诉。此外兵丁一经验看，即将名次列单，按镇张告。如有少年子弟于未到当兵之期欲先行当兵者，若体质强壮，则十八岁亦可到营。然自十八岁至二十岁，必须父母允许，方准投营。如无父母者，由其保傅商请，亦可投营。年数或三年，或四五年，均可。得有宝星功牌者，或记名什长者，年满准其复行投效，或两年，或三五年，以十五年为限，并有优奖复行投效之例，如花红、津贴、养老俸等类。马队兵弁于年满后，亦可复行投效一年，除加津贴外，仍于预备兵差内免当三年。营伍中升阶有二，一由选拔，一按资格。惟遇有军务，则略变通，以宽升阶。遇有选拔事宜，须会商办理，如营长暨马队队长，均由会议选用，不论资格。其由资格迁升者，应

兵部验看兵丁办法

服役年限

升迁

按章办理。武职中等级系由总统所赏，欲行裁撤，非自行告退曾邀总统允准，或因干犯法律，或由参议军务人判定革职，别无裁撤之理。差委则与等级不同，国家随时可派、可撤，无一定也。

游巴黎大树林

十八日　往游巴黎旧城之大树林，法语译音谓之波哇，广可得二十里。丛阴翳蔼，清流映带，小艇数十藏树阴中，微闻人语。小桥有客，独坐垂钓，绝似江南风景。沿堤行数武，入山洞，瀑布跳珠溅衣，仿佛清凉世界。出至加非馆，列坐树间，几凳皆文绿。异方之乐，啁哳并奏，万斛征尘，为之尽涤。余因喟然思范文正之言：“先天下之忧而忧，后天下之乐而乐。”彼惟能忧，是以至乐存焉。当乐而忧，泮奂优游；当忧而乐，流连倾覆。然则

忧乐当慎

忧乐者，固人心危微之界，而国之盛衰消息系焉，殆不可以不慎也。酉刻归寓。考法国海疆分五镇，首镇要埠曰赛

法国海疆与海军

蒲，次曰勃雷司脱，三曰劳利秧，四日罗歇复尔，五曰多伦。师船分队在南者曰地中海队，在北曰北海队。地中海队现共有头号铁舰六艘，铁甲巡船三艘，带鱼雷铁甲一艘，二等铁甲三艘，三等巡船三艘，灭鱼雷船四艘，出海

舰船数目

鱼雷船五艘，三等雷船一艘。北海队现共有头号铁舰六艘，铁甲巡船二艘，二等、三等巡船各一艘，灭鱼雷船三艘，出海鱼雷船三艘。此外各小队分驻各地段者，计共四百五十七艘。按一千八百九十六年十二月二十四日律载，凡陆军所订增添兵额章程，海军均可仿行，毋庸另立专章。拈阄时，号数在前者，即派入水师效力，在后者随时

28,6,18

挨次传补。兵轮水手，船厂船主、工人，均系沿海之人充当。凡行船营生者，无论本国人及入法籍之某国人，其游行处所于海面埠头以及河港，应将名氏注明沿海户口册内。其居住海潮地段如已淤废成土田不能行船，则名氏毋庸注册。至沿海户口册内，复分三等：一系未入海军效力者，一系现在海军效力者，一系差满出营者。如有不愿入海军效力，查其现已不执行船网鱼之业，则准其除名。至名列此册应得利益，除免当陆兵外，仍可打鱼营生，有子者亦可送入学校，由官给资，年老赏给养老俸。 沿海户口册

十九日　早赴法总统宫及各大臣处辞行，午正归。洋员金登干自伦敦来见。案：法国制造兵船、军械官厂，多在附近海口，除赛蒲、勃雷司脱等处外，尚有官厂二处，曰安特来，造军火；曰额律艾勒，造军火、枪炮、护船铁板及各种铁器。其馀各公司制造厂，共有八处。附近地中海有造铁器及军械厂二处，一在赛纳海口，一在哈夫海口。又马赛海口有军械所一处，三那载尔有制造厂一处，名为鲁阿乐公会，三德尼有机器厂一处，保尔德娄有制造厂一处，名为造船公会，柏瓦衣及额鲁汪有制造厂二处，名为三那载尔公会。以上八厂，均系建造各种铁甲船、兵船、鱼雷船。其公司名目，曰奴尔忙，在哈夫，曰三德迪勒，曰保尔奴勒莫，在保尔德娄，曰布来司德，曰福衣内，在囊德。以上五公司，专造鱼艇及各等小船。自外又有小船厂，曰丹加乐克，曰界浦，曰额鲁赛勒，三处专造各等拖船；曰米徐艾勒佛衣斯，曰三希弄盟，曰商迪阳， 法国兵船军械厂 专造船舰 专造小船

曰艾莫郎希，曰赛司希戴尔，曰欧勒载尔，曰三戴谦，曰佛衣乐米尼，八处专造护船钢板及一切铁具。

二十日　在寓。戌正，请裕星使并金登干夜宴。考法国近年商业进步，以前五年比较，实有日盛之势。余觅得法商务进步表，命翻译官译录。查一千八百八十五年，进口货值计九千十八兆佛郎，出口货值计七千四十三兆佛郎；一千八百九十九年，进口货值计一万三百六十六兆佛郎，出口货值计九千六百八十五兆佛郎。又查一千八百九十九年商船比较单，法国共有商轮一千二百二十七艘，载重五十万七千一百二十吨，帆船不在内；一千九百年册开法国商船合帆轮两项统计，共有船一万五千四百八十九艘，载重九十五万七千七百五十六吨。其涨力不可谓不速矣。至国家奖劝工商之法，必先设立学堂，培植人才为工商业中领袖；复拣派人员，考察他国商务、工艺等事，以资取法；复设立学会领事官、商务专员等，为之保护利权；复举行大小博览会以资比赛，如赴他国赛会，则复出资以助之，如有独出心裁，制造新具，即与专利文凭；复有赏给功牌之例。至于运货往他国试行贸易，则官复为之偿进口关税。航海商船，每岁由官复为津贴。盖其鼓舞而振兴之者，具有精心妙用。本年商部预算册拟拨前数项经费，计艺学官学堂经费四十万八千一百佛郎，膏火五万八千佛郎，高艺学生津贴八十万佛郎，造就工商领袖学堂经费八十三万四千九百八十九佛郎，津贴地方开工艺学堂八万三千佛郎，津贴商务学社银、赏给功牌花红、书籍费、

法国商务进步表

国家奖劝工商之法

奖劝工商经费

28,6,20

往他国考察商务人员费共十四万五千九百佛郎，稽查工商费六万五千佛郎，赏给工匠在本厂当工三十年功牌等费四万一千佛郎，工业会费二万七千佛郎，赏给工会功牌等费一万佛郎，赏给本地赛会功牌花红暨津贴工商等博物院议事会等费，以及帮贴游历费，共十一万一千佛郎，在非洲森路易各国博览会内赛会费二十五万佛郎，在外埠商务局贴费七万佛郎，入海捕鱼花红银四百七十六万六千佛郎，制造航海船只花红银七百三十万佛郎，驾驶海船花红银一千三百七十三万佛郎，纺丝花红银四百万佛郎，稽查纺织人员费三万八千佛郎。

英轺日记卷九

法国总统赠送宝星

〔六月〕二十一日　早，法总统遣外部官来，赠送留琼多乃宝星一座，并参议、参赞、翻译等宝星六座，当即电达外务部请代奏。午初，发行李至车栈，拟赴沙滩屯海口。适参议梁诚晤洋员金登干，称“英外部电询中国专使当加冕之日，如在欧洲，尚愿回英，拟折简邀请”等语，余因查日前张星使德彝函送英外部照会原文，内称“本国君主体气日充，加冕典礼不久想可补行。惟一概从简，原议仪节概不举办，各国无须再简专使前来，即由驻扎本国各使代行一切，已饬本国驻扎各国公使前向各国政府道谢”云云，细译原文语意，是英君补行加冕，并无专使礼节，金登干所接电文，当系英外部私行探询之辞，因一面电询张德彝，一面饬翻译潘斯炽暂将行李发回。

法国工商专利章程

案：法国工商专利章程，一千八百四十四年定例，工艺中凡有创一新法惠及于民者，国家自当鼓舞奖劝。奖劝之

28,6,21

法，莫贵乎推广制造之专权，俾商家不得争利，用以偿创法家之苦心。惟专利之权，亦应限定年数，期满民间即可仿作，俾众人皆可分享其益。国家颁发专利文凭例条有四：一、须实系创制；二、实系新法；三、有关工艺；四、有利于民。无论何法何物，一经创制，续办者即不能与创法者比。凡未有官准专利者，所有招牌、告白等件，均应注明“未奉官准”字样，违者照例科罚，自五十至一千方为止，复犯者加倍科罚。凡民间欲得专利文凭者，须遵例呈请于商部，其例亦有四：一、二物不准合请一凭，因按凭纳税故也。呈请时宜开清物名，定明年限。二、撰作所创物说略，不准有添改涂注，并不宜用外国文字。三、制物图样，或双或单，听凭物主定夺。四、开明呈单、图说各清单，逐一签押，随第一批收税单并呈。一切呈单、图说原稿，郡中、商部各有存案，俾民间随时询问，俟专利期满即可仿造。至专利年限，或五年、十年、十五年不等，由创家自行定夺，自呈请文凭之日计算。凡限定五年者纳税五百方，十年千方，十五年一千五百方。此款按年分批交纳，实合每年百方。第一批须于呈请文凭以前先交。遇有交纳未清者，可撤专权。退让者，宜悉数付清应纳之款。添立凭单者，每张纳税二十方。官准专利之后，所创制造器具、制成物件，外人不准擅用、出卖，违者照假冒例科罚。惟准创法家退让制卖，照例报效。退让之法，有尽让者，有分让者。退让事宜，应由代理书契之人经理。所立契据，宜于本郡文案处登簿存案，否则不

颁发专利文凭条例

申请专利文凭条例

专利年限

专利须按年纳税

足为据。

工商学会为数綦多名目不一

二十二日 在寓。考法国工商学会，为数綦多，名目不一。其由官设而与地方有实益者，通国共三十八处，计安郡有三冈旦安郡工会，布什都弄有马赛考查工商造册会、马赛机师会，卡哇多士有康邑农桑会，世伦特有薄都爱学会，洛哇恩斐利阿有囊特工艺会，茫郡有郎士工艺会，美恩有美恩工艺会，诺阿有北法工艺会、富耳密工商会、北法工艺防险会，弄郡有弄郡教工会、里昂织工会，赛纳有劝奖本国工艺会、教育会、工艺学堂旧徒会、工师会、多艺会、高等工艺学旧徒会、保护工厂学徒会、奖励手饰银器工业会、列邦商家互保会、友艺会、钟表学堂会、谷隆白树林友艺会、贱值取租会、工业防险会、助恤花羽二业幼童会、幼年会、友群博览社会、巴黎保工会、糖业酒化学师会、计算造册专家会，赛纳恩斐利阿有本郡工商自由会、爱尔勃甫工会、卢昂工会、防险工会，椹郡有阿米昂工艺会。其查考工商之法，内则责成各郡守，外则责成各埠领事。郡守司查本郡工业土物出产销路一切细情，及常川作工之机座数目、工人薪资、作工时刻，按月详报。领事司查各该郡商船来往、货物时价、银盘涨落，及何货利售、何式合宜，并查各处关税新章、改税新议，及一切有关商务行船条约、例章、禁令，随时电知，或用文呈寄外部，由外部移送商部。此外，又有巴黎农工商上议会。各郡商务局通国共有一百十五处，工务局通国共有五十五处。均有考查之职，一经商、工部询问所属近情，

法国查考工商之法

28,6,23

即须用文详报。各郡详报文牍，会集于商部外商司第一房。各领事处所寄公牍，会集于外商司第二房，行船册报集于第三房，应译者随时译录，应细查者再令详查。倘案关外国商情变动须令本国商人与知者，则由第二房刊入商情近报，俾众周知。

二十三日　在寓。闻近日法国因新易政府，更定学堂规制，不准男女教士充当教习，并欲将教士遣归乡里，有不愿归者，则令转徙他国，人情颇不服，势甚汹汹，然总统业已批准施行，政府之意亦不为动。余因慨然思沧浪之歌，清斯濯缨，浊斯濯足，万事皆由自取，传教何独不然？权舆由太虚，有天之名；由义理知觉，有性之名；由气化，有道之名。合性与道，有教之名。教也者，必养性修道，善以事天。此不独我国孔子之教为然，即凡普天之下如释教、道教、回教，以及天主教、耶稣教，无不当循是以为矩矱也。修之则昌，悖之则灭。天视天听，一消一息。然而是说也，深言之在尽性以立命，中人之所弗能也；浅言之惟守身以安分，颛愚之所共喻也。考天主教规，有云："凡教内之人，当谨持自爱。有大冤事不得不禀官者，必先鸣地保，公同理论。如果横不依理，方准具控，更不准状词内以教民自称。"耶稣教规云："不可议论国政及官长、牧师。欲人如何待我，必我如何待人。"凡各国教堂处所，于此规条咸断断宣谕，可见天主、耶稣教会于守身安分之义，不惮三致意焉。乃今兹教士之来吾华传教者，或至骄蹇睢盱，淩躐官长，干预词讼，其于守

不准教士充当教习

论传教之道

身安分之义、教会断断宣谕之规，抑何相悖若斯也！夫生人之好乐、忿懥、贱恶、骄傲，数者皆七情之偏，徇而用之，浸渍于不自觉，则将缠缚于欲壑，譬诸浮芥之舟沉溺汪洋，靡所底止。维皇上帝疾其拂人之恒性也，乃辄降之罚。此非因果报应之卮言，实开辟以来五大洲中不可磨灭之公理也。天主、耶稣当其立教之初，即以守身安分为宗旨，何尝不洞明此谊？乃其支与流裔，恃彼教之众且强，驯至偭弃规矩，蔑其本分，流弊所极，诚恐遇事掣肘，不独吾华之地方官实受其累，异日剥肤之祸，传教者将浸被之。彼教中有识之士，何未有能见及此者？吾是以揭明守身安分之说，大声疾呼以为教会告也。至于传教之与立约，原系判然两事。保护传教所以载入约章者，原为爱护中外子民，无所歧视。然中国既尽保护之责，则各国亦当允任调和之谊，兹事重要，亟宜于改约时与各国妥筹善法，务持其平，庶几民教永久相安，闾阎享太平之福已。

传教之约判然两事

二十四日　在寓。晚接张星使德彝函，送英外部照会原文，称："本国君主不愿各国再简专使前来之处，前经照会在案。现君主补行加冕之际，若中国专使及其参随等适在英国，愿观典礼，则当代留地位。惟不以中国专使之礼接待，仍以爵礼相待。"云云。因思行人之职重在将命，此次奉使赴英，业经呈递国书，我已告辞，彼亦致谢，情文兼至，贺礼早已告成。若以私觌之礼，行于朝会之间，体制所关，殊多窒碍。因即发外务部电一件，告知不复赴英情形，并函覆张德彝，嘱其照复英外部，告以彼

不复赴英参观典礼

28,6,24

时并非适在英国，未克在座，致意道谢云。爰即与参议梁诚商定二十七日起程。考法国农政之重，始自前王盎利第四；其进步之速，则以近三十年尤为足尚。盖自第三次改民政以来，刚裴大当国，即于一千八百八十一年创立农政专部，内司外使，纲举目张。继之者稍事损益，规制聿臻大备。农部奏销之款，及学堂常年经费，考一千八百三十年时，农政附于他部，其费只十万佛郎，迄今费至四十四兆九十万八千佛郎，其步骤可谓猛进矣。推厥本原，国家教导农家子弟，培植农学高才生，并有官设学堂。学堂分两类，有专课者，有兼课者。兼课之堂，有寻常小学、高等小学、寻常师范院，皆于正课外兼授农学。中学堂亦有仿此办法者。现共九十四处，高等小学堂七十六处，女学堂二处，皆添授农学一门。其专课官学堂共分四等：一曰教耕院，师徒随同耕作，指授浅近新法，所以教为农夫也。二曰农业三等学堂，教授工作新法，兼授农理，所以造就上农夫也。三曰中等农学堂，理法并授，智学尤重，所以造就农师及管田园执事人也。四曰高等农学堂，所教尽属农学精理，学成者为高等农师，并可投充专门学堂教习、农田稽查官及管树林、管牧养等官。通计国中现有教耕院十四处，三等学堂三十七处，中等学堂五处，高等学堂五处，农学专门教习二百十六人，考求新理新法之学院六十三处。至于国家提倡农政，又有良法二端：一曰保护，一曰奖劝。保农之政，内隶于农部第一司，外则责成郡守、乡官，各县又有农务局，专考本县农情，以备顾

法国重视农政

官设学堂

农政良法

保农之政

问，得有良法美意，亦可条具上陈。此外又有部中派出专员，劝农立会讲学，查验生虫妨谷之草，驱杀害苗之虫，教之参用机力、汽力、化学粪料之利。国家又为立兽瘟局，常年经费五十万佛郎。一千八百九十七年四月，又令查禁伪酒、伪乳油等物。他如打牲取鱼，非时有禁，竭泽有罚，用毒剂有刑。此皆保农之善政也。劝农之政，亦隶于农部第一司。劝奖之事有五：一、赛农场，每年分段举行，计十二次；二、奖赏花红；三、赛肥硕会场；四、禾稼果木大会；五、资助劝农各会，颁赠书籍，分给奖牌。自一千八百九十二年定例后，每年国家拨款发种麻花红计二百五十万佛郎。一千九百年发蚕桑花红计五百九十万九千佛郎，纺丝花红计四百五万四千佛郎。法政府又与官银行妥定章程，准收各农会票据抵借银款，银行又垫付银四十兆佛郎，由官分存农务息借局，并不取息，俾各乡农会就近取借，以资周转。凡此皆劝农之善政也。

劝农之政

二十五日 在寓，拟英君补行加冕并无专使礼节不复回英情形折，定稿后即饬供事缮写。考法国地税之则，每年准国家出款，由议院核议，原无定额。郡县中应完税课，由郡县各绅董摊派。乡闾中应完税课，由乡官及协理一人或乡绅二人，会同本乡所举五人公办。其税项系按进款多寡核定，进项中应先除一切耕种、培植、收获各费，馀利酌中为定数，按年就此数抽税。派定房产税课之法，乃于进利中，将原价若干分定年月扣除，其应修补各费一律除清，馀利作为定数，按年收税。官地、公产统免纳

法国地税

派定房产税课之法

28,6,25

课。外如振兴农务、鼓励工艺所有应用房屋、粮储、牧圈等处，概无房捐。房产之税有二，一按地土肥美完纳，一按房产起造完纳，十年校正一次，由乡董商请办理。乡闾中田地、房产应完税课者，绘有图籍，载明进利多寡。此法创自一千八百有七年，至六十二年始行告竣。办理绘图事宜有二：一、先令测算家将本乡所有田地丈量妥善，分明界限，绘成一图，并详明某地主田地若干、所种何物，除清费用尚有馀利若干，即行注册，常年税课凭此摊派。二、责成地方官先将田地所种何物分明，列为等第、田地肥薄、房产大小各图，其一以为式，复照等第高下，估定每一万迈当进利若干，先由乡绅会合地主、房主商妥，即由郡守批准，作为定数。田地、房产一经分别等第，查明进利若干，分明界限，绘成图样，注明地主、房主姓名，所有田地、房产各若干，种植土产何物，派税时即可照册办理。此项图籍，府县、乡闾各存一册。至于畜牧无专税。官树林亦无税，按年分段伐木，由官租与给价最多之商人承办，租价随时低昂。公家渔利亦由官出租，与树林办法无异，价无定则。若私业树林、果园、牧场、鱼池，则归入土田一门，并照出产多寡分别等第，按年摊派税课，税之多寡亦无定也。

绘图造册

二十六日　巳刻，赴使馆，率同裕庚并参随、翻译各员，遥祝万寿，礼成归寓。案：法国每年入款，地税之外，以盐课为大宗。定例，本国及阿尔日属地进关进口食盐，每百基罗各拉么纳税十佛郎。由外国进口者，税则不

法国盐课为大宗

一，各按所运进口之处，或船只所挂旗号核定。国家征收盐税则例共十四条，详录如下：一、凡拟开办盐矿、盐井、盐池，须由总统批准租让，方为合例。二、凡开办盐矿者，可照矿务条例办理，应如何办法，由地方官按照租让情形定夺。开办前如何察验，亦责成该管官办理。三、租让一节，宜推本地主为先。四、所让矿地不得越二十方基罗迈当，盐井、盐池概不得越一方基罗迈当。所立合同，宜载明地主利权，按照一千八百十年定例第六及四十二等条办理，国家不取报效成数。五、凡拟开盐矿、盐井、盐池之人，首应按照一千八百六年定例第五十一条办理。凡未禀官而遽开锅煮盐者，锅具入官，另科罚一百佛郎。每年应提盐数，至少以五十万基罗各拉么为率，不得再减。所提之盐，以供民用，照例完税。设有不能照数提出者，须先由总统允准始可，否则有罚。一切开办章程，由官议定，亦由官查验，俾所定之盐实数完税，以免偷漏。所有已开办各盐矿厂须遵办。六、凡开办盐矿者，与提盐人等，欲行停工，须于一月前报明，不得再迟。停工后一月内，设所提之盐未经售出，即可令完税课。接办之人，须按照第五条定例办理。七、凡开办盐务者，若未按照例中第五条呈请允许，即由郡守禁止举办。遇有应行科罚之处，照下第十条办理。八、凡提出之盐，未及第五条所立定数，宜照定数完税，以示惩儆。九、凡盐质、盐水一切起运事宜，除官准各处外，不得外运。其起运章程，概由官长定夺。十、凡有犯例中第五、六、七、九等条

盐税征收十四则例

28,6,26

者，或不遵守谕令，除将盐质、盐水及所提之盐、造盐运盐各具严拿入官外，尚有罚款，自五百至五千佛郎为止。遇有搀混或私造、私运等弊，查出加倍科税，复犯者加倍科罚。十一、以第五、六、七、九各条定例，各化学物料家设有提出之盐，亦当一律遵守。造火硝之家所出食盐，由管理杂税人员稽查。十二、所有盐质、盐水等物，运往工厂作为耕种使用者，或为腌鱼肉使用者，一切起运章程、免税减税各节，统由官定。十三、凡有因朦混而免税、减税者，一经查出，照第十条定例科罚。遇有搀杂、偷漏等弊，加倍科税。腌鱼肉各栈若私用食盐，所用多寡照以上条例科罚。凡准用外国盐腌物之家，若因作伪，罚纳倍税。凡制盐腌物免纳税课各家，亦须遵此定例。十四、凡有违例者，当由海关或管理杂税人员查出，交改过所定断科罚。

二十七日　巳刻，由巴黎起程，法外部暨洋员金登干、裕星使并参随各员，均赴车栈送行。酉正，抵沙滩屯海口，住客寓。戌正息，殊疲茶矣。案：法国电政最重，通国电局，除铁路所用及避暑过冬等处时开时闭之局不计外，所有都城邮电兼办局一百十四处，电报专局五处，以外大小局所约共九千处。电局章程：凡设立电线递寄电信，非由政府允准不可。如有私用电机或他法由电线通信者，例定监禁一月至一年，并罚款一千佛郎至万佛郎不等，所有器具一并拆毁。如国有大事，可将来往私电信暂时停止，或于一道、或数道、或全行停止，并可将各国来

法国电政最重

电局章程

电信费用 往电信或数道或全行暂停收发，惟须通知各国。电费：在法国及附近属地，往来寻常电信，每字五生丁，至少须费五十生丁。各报馆寻常电信，二十字以内出资五十生丁，二十字以外每字二生丁半。凡有紧要电信须越次先寄者，费以倍。私电线 如国民有请设私电线者，应递呈管理邮电衙门，或请知府转递。私电线分两种，有与官电线相接者，有不与官电线相接者。倘其线之长过五基罗迈当，而与官局亦有利益，则国家即为设立，并为经理其事。若欲设之线不过五基罗迈当，应准呈请者自行设立经管，国家仍随时派人稽查。其费由电务衙门开单，分令各局偿还。稽查委员所需量电等机具，亦由局给费。

二十八日　遣翻译刘式训持简往拜法海口水师提督及县官。午后赴海口一游，申初刻归寓。法国矿务管理 案：法国矿务衙门隶于工部，所定矿税有二项，一曰矿地，一曰矿产。地税有定则，矿产税 凡占地一方基罗迈当，每年纳税十佛郎。矿产税系按出产净利多寡征抽，应抽成数，由议院量每年国用而定，故无常额。惟一千八十年声明，此项税银，无论如何不得逾净利百分之五，著为例。以上税项，均归经征田地房税人员征收。所入之款，由国家另行存储，专备矿司经费，及查探矿苗、开采新矿、整治旧矿之用，非此不得擅行发动。至矿局与地方交接各例，国中无论何人，不能擅探矿 自在他人地面探验矿苗，务必与该地主商妥，或由政府询明矿务局，果可试验，即发准凭，并令预偿地主地价，方可掘土验矿。如国家准令在人家地面及园林内或于围墙外

28,6,29

地段五十迈当内探验矿苗，必先与地主先行议妥，并令请办者预付掘地款银，始能发给探苗准凭。至地主则尽可于围墙内外探验矿苗，无庸禀知政府；惟不能动工开采，傥欲开采，则须请领准凭。所有地段傥已认让他人，即不得再行探验。如矿局中购地开矿，地主应得何等利益，则应订立让矿合同，详行核议，并无定限云。

二十九日　申初刻，率同参随、翻译人等，由海口乘小轮，登英公司山博而轮船。船面极宽广，重力一万二千吨。先是余在巴黎启程时，裕星使之公子勋龄、馨龄，附车相送至海口，比登舟始辞去。申正，启碇开行。考法国铁路公司之制，公司所有轨道、厂屋所占地段，应纳地税，按寻常地税最重者完纳，惟税额无常，每年由议院估定总数，交地方官分摊征收。各公司除纳地税外，别纳转运税。每年先将进项簿送官查验，然后抽收。向章人货并抽，自一千八百九十二年后，货物运脚除银钱、雅玩、行李大件仍旧百分税十二外，馀一律免税。座客税亦分二等：冲要铁路搭客进款内每百分抽十二；小铁路或一郡专用者，或数郡合用者，搭客进款内每百抽三。其馀寻常铁路，凡车能容六人以外、五十以内者，每年每客位征税十佛郎；能容五十人以外、百五十以内者，每年每客位征税五佛郎；能容百五十人以外者，每年每客位征税二佛郎五十生丁。查本年法国官商铁路成数表，官办冲要铁路已成者二千七百八十基罗迈当，未成者二千九百四十七基罗迈当，拟开者一百三十基罗迈当；商办冲要铁路已成者三万

离欧赴美

法国铁路公司

纳地税

纳转运税

座客税

官商铁路里程

五千一百六十一基罗迈当，未成者三万七千七百十二基罗迈当，拟开者八百八十基罗迈当；各工厂等接运货物铁路已成者二百三十三基罗迈当，未成者二百七十六基罗迈当；商办小铁路已成者五千三百八十六基罗迈当，未成者七千二百二十五基罗迈当；商办气电等车铁路已成者四千八百九十六基罗迈当，未成者六千九百三十二基罗迈当。

舟行大西洋

三十日　舟行大西洋，有微风。离家四月，定省久疏，眷念庭闱，明发不寐，作思亲诗四首。（录入《英轺杂咏》中。）

法国童蒙学堂

七月初一日　舟行大西洋，有风。案：法国境设立学塾，以童蒙为初阶。统计国中童蒙官学堂二千五百五十五处，私学堂三千一百八十四处，阿尔日属学堂亦在其内。凡国人儿女自二岁起，即可送入该学堂，六岁为止。又设初级官私学堂，官学堂六万七千六百七处，私学堂一万六千三百八处。国人儿女自六岁至十三岁，例应入该学堂学习。所入学堂，无论公私，或在家延师教读，均听其父母之便。其在家延师教读之学生，自七岁起，例应由官考试一次，如学业未精，须送入官私学堂肄业。至十三岁后，均准出学，或就工业，或务农，均听其便。城乡并有特设各种讲学会，于工人休息之日或晚间，即借学堂斋舍，宣讲各种浅近学问以及工艺等事。查本年学校册，列高等初级学堂，男一百九十九处，女七十处；次等初级学堂，男三百九十三处，女一百五十三处；次等中学堂，男二百三十五处，女八十五处；高等学堂，男一百十四处，女三十

初级学堂

城乡特设讲学会

学堂数量

28,7,1

中学堂

处；备课女学堂五十处。其中学堂功课甚繁，学生各就性之所近、意之所好，以为讲习，俟有成效，然后考入专门或大学堂肄业。又别设男师范小学堂八十八处，女师范小学堂八十五处。所有高等学堂，共分五门：一教理学，一智学，一医学，一文学，一律学。至天主教理官学堂，已于一千八百八十五年裁撤。有耶稣教理官学堂二处，智学官学堂十五处，医学官学堂三处，医学与制药官学堂四处，文学官学堂十五处，律学官学堂十三处。别有预备医学、智学、文学学堂共十五处。又有设在属国高等学堂，律学三处，智学一处，文学一处，广招学生肄业云。

高等学堂

法国专门学堂

初二日　舟行大西洋。考法国专门学堂，创自一千五百九十二年，现有教习三十五人，讲授全球古今政事、文学、一切有用之理。其生物院共有教习十六人，分授格致、化学，并考验动植各物。又有实用学堂，专教各种高等学理如何施诸实用之法。又有高等师范学堂，所以造就大中学堂人材。又有多艺学堂，专教各种艺学精理。学生功课期以二年，毕业后大考一次，作为海陆炮队武员，或不愿赴营，则准充国家工程师，掌国家矿务、舆图、火硝药等局工程。又有武备学堂，凡年在十七以上、二十一以下，得有初级文凭，均可考入该学堂肄业，毕业后作马、步队武员。又有海军学堂，凡投考学习海军武员者，须在十八岁以下、身体强壮、目力精到，方能收入，学有成效，作为二等兵官，再赴本国及各国海边游历，考试一次，始补头等兵官。又有矿务学堂，凡欲当国家矿务工程

各类学堂

师、监工等差者，必由多艺学堂咨送肄业，或有投考学生，学成后准充商家矿务监工等职。又有桥路学堂，专取多艺学堂毕业生学习。又有工艺学堂，凡学生三年毕业后，发给准充工程师凭据，即归商厂聘用。其外，如东文学堂，则学生于二年、三年卒业后，即派往东方使领各署翻译差使。高艺学堂则教授雕刻、绘画画图等事，考取优等者派往罗马法国学堂毕业。考古学堂则考察古时经籍书写、教法等事。理藩学堂则讲求属地事宜，凡学生三年卒业后，已得律学二等文凭者，即派往属国当差。商学学堂则讲贯商务大纲，造就商部商局人材。又如教种树木学堂、高等农学堂、农学教耕学堂、管理水道及树林、教养禽鸟各学堂。又有音乐学堂、描刻地图学堂，以及测绘海图、学造大工厂房屋、管理机轮、习学水手驾驶、造就矿厂监工工头、约束顽童、医兽聋瞽童、医治结舌各等项，无不设立学堂，洵有因事制宜之妙。盖法国讲求文学，宣明教化，于欧洲各国中特为精详，故于学堂一事尤极措意。傥有博雅之士，荟其程课，摘其虑宪，编为《法国学校志》一书，亦文苑中之巨观也。

因事制宜设立学堂

初三日 舟行大西洋，有风，舟颠簸，夜大雾，殊有戒心。案：法国大学堂选用教习章程，律例官学堂诸席有选用、考取之别。选用者统归总统简派，先由律例科人员内选拔，由文部大臣请派，遇有缺出，或由本学校教习公同酌举，或由管理学校人员单举。欲充该学校教习，须年至三旬，考有律例科文凭，若中国进士之属，先在官学内

学堂选用教习章程

28,7,3

教授三年，或在官准学堂内教授三年，方可承充。其学校中掌院一缺，三年一任，由本学校教习与管理学校人员于实缺教习中选举。至考试分门凡四：一曰民律、刑律，二曰官律，三曰律史，四曰理财。第一门笔试罗马律例，面试民律、商律、海律、刑律、词讼、民间公例。第二门笔试国政或万国公法，面试国律、政治、财政、万国公法。第三门笔试官民律史，面试罗马公例、法国官民律史、罗马国史。第四门笔试理财政策，面试理财法、财政立法、工艺立法、藩属财政立法、农务立法。至医学官学堂教习，亦有选用、考取之别。考取者不得过选缺之半，亦不得不满三分之一。选用者须年满三旬，考有医学文凭作为进士，先在官学教授三年，或在官准学堂教授三年，乃为合例。其考试亦分四门：一分割、考究全体生物等学，二格致、化学、药品、毒药等学，三医学，四外科考究生产等学。考试时亦有笔试、面试之别。其格致、化学、生物各家笔试，分割、分验及考究全体等学，均扃门面试。医家试以医病，病人由考官传至考场，备齐药品，令医家治之。外科考究生产家，与考试医家相同。分割家试以分割画法。考究全体家试以考究法。格致家试以格致学及试验法。化学家试以化学及试验法。试生物家亦同。药品家试以作药法及备药料法。其外艺学堂、文学堂、高等药品学堂各教习，亦有由总统选用者，亦有考取者，俱以秉公核实为主，无声气之可通也。

律例官考试分门

医学官教习之选用

考取

初四日　舟行大西洋，早起仍有雾，午刻晴。案：法国中学堂教法有二：一旧法，用辣丁、希腊文；一新法，无辣丁、希腊文。凡欲充中学校古文教习，先应考有文凭如中国秀才之属。欲充文艺教习，须考有性学文凭。欲充实学或智学教习，须考有实学文凭。欲充时务教习，亦须考有文凭，始得承充。至欲充性学、数学、格致、史记各教习，须考有文学或实学文凭，如中国举人之属，方为合例。凡中学校所属初级学堂教习，亦须得有高等小学校文凭，或堪充训蒙教习文凭者始得充。其中学校高等教习归文部大臣简派，文法教习亦归该大臣简派。公立中学校男教习分三等：首为高等教习，例应考有中学校教习文凭，或考有文学、实学文凭者始得充。次为中等教习，应考有巴葛老来亚文凭，识辣丁、希腊文，或得有堪充中学校教习文凭者始得充。此外又有试用副教习，或派或调或撤，则概归管学大臣办理。中学校又设有女掌院，亦先考有教习文凭，或考有文学、实学文凭，或得有堪教外国语言文凭，或得有中学校卒业及得有高等小学校卒业文凭者始得充。其欲充中学校语言教习者，须考有语言文凭。欲充绘图教习者，须考有应得文凭，或在罗马得有花红，或由杂艺等校得有文凭者始得充。其外如体操教习、歌唱针黹教习，例俱考有文凭。盖里塾党庠统于官，故通国无自行束修者。至其必以考取之文凭，分教习之差等，铢两悉称，立法为尤良也。

中学教习选用办法

初五日　舟行大西洋，晴热。考法国所设初级学堂，男女教习等级不一，始至者为试用，试用期满补缺，由管

初级学堂男女教习等级不一

28,7,5

理学校人员请派，归知府办理，报于文部。试用之期，以二年为率。其补用章程，则另由府参议核议。惟小学校掌院一缺，须年满二十一岁方可承充。又定例小学校正教，必须得有试用文凭。在官学校试用者，由稽查学校人员发给。在私学校试用者，由本学校掌院发给。然其中亦有通融之法，倘有曾在师范小学堂或中学堂，于十八岁时已充训蒙教习者，亦可作为正教。小学校欲该堂学生留宿，须商诸稽查人员，回明乡官，将学堂基址开明呈阅，奉准方可办理。凡欲充高等小学校掌院，须年满二十五岁，得有师范小学堂教习文凭，或高等小学堂教习文凭者始得充。该学校教习，亦应年满二十一岁，得有高等小学校文凭方为合例。至各等初级学堂，均准平民创设，或数人合办，或独自建立。惟总办、教习等员，倘非本国人，或未满例定年岁，或才能不及格者，均不准充任此职。其有因罪曾受科罚者，即不准承办学堂及在堂当差，所以甄别流品，条例綦严。乡间男学堂应聘男教习，女学堂应聘女教习，蒙学男女学堂亦归女教习教授。若本处已有一女官学堂或女私学堂，欲再立一男女兼收之私学堂，则非由管理学校议事处允准不可。倘本地已有各等官小学堂，即不准私学堂再收六岁以下学生，以免教法凌杂。至各等小私学堂课程、馆规，均由总监查官、管学官、稽查学校官以及学校议事人员、乡官、镇董等查察，略如中国稽察官学之例。查课之日，统饬将本堂学生书籍、课本呈验，其有犯规等事，即禀请查办。余因法国学校章程颇称周备，特详著之如此。

掌院教习须有文凭

甄别流品条例綦严

英轺日记卷十

抵达纽约

七月初六日　巳正，舟抵纽约海口，驻扎美国出使大臣伍廷芳率参随各员登舟来接。午刻登岸，乘马车至华得夫客店。伍廷芳先已赴彼祗候，跪请圣安。礼成，美国外部副大臣蒲士，及纽约府尹参赞联乐士等来见。询知美总统现在艾士打湾避暑行宫，爰与伍廷芳商定，知照美外部于初八日午刻往见。伍廷芳旋恭赍到电旨一道，当即敬谨

美国概况

译出。按：美国为合众部，一名花旗国，又名米利坚。在北亚墨利加之中，纬线自赤道北二十五度起，至四十九度止，经线自中国北京偏东百有九度起，至偏西七十三度止。东界大西洋，西至太平洋，南连墨西哥海湾，北界英国属地。共计行省四十有五，属部五，为地三百六十万英方里，户口约七千九百馀万。此外新隶版图者，曰夏威仁岛，俗呼檀香山；曰波吐立哥岛；曰飞立宾群岛，俗呼小吕宋。国民精于工作，锼会辟灌，朗密调均，善造火轮车

28,7,6

船。凡陆路通衢之地，多用铁汁冶成，四通八达，以利火轮车之行。纺织、制造器具，均用水火之气激机运动，不资人力。商贾舟车，辐辏往来。举国多奉耶稣教。好讲学业，博习经典，通贯各国言语。近复增益智识，研究天文、地理、术数。学馆繁夥，书籍富庶，言语文字与英国同。其地贸迁有无，无往不利。以故欧罗巴人流寓于此者，英人为多。华人居美者亦不下数十万人，统计纽约海口华民亦有八九千云。

救火善会

初七日　未刻，偕伍星使往观纽约救火善会。诸会徒演习，自层楼超跃而下，御车携带水龙出门，为时不逾数杪钟，迅疾已极。马亦娴熟调良，闻口号则奔赴，搕䍐维易，蹈借若风。教法之画一整饬如此。旋往吊美故总统克兰德墓。墓制闳丽靡迤，与拿破仑墓相仿佛。墓道前有李文忠题墓碣一，盖李与克总统交情最挚也。晚赴领事馆夜宴。案：美自华盛顿创国以后定制，每部立正统领一人、副统领一人或数人，会议管理政事。各部之中，又推一总统领，督管合部政事，均以四年为满任，亦有一年、二年一易者，贤则留之复任，至八年不准再留。如首领任满，则推副者为正；或副者不协人望，则别行推择。乡邑之长各以所推书姓名，投于匦中，毕则启匦视所推数多者立之。或官吏，或庶民，不拘资格。退位总统与齐民无异。其推择总统之法，与推择各部统领同。凡公选公举，权不由上而由下。凡会盟战伐之事，则推总统为主，各部皆听命，事必会议而后定。如例所禁，总统亦不得犯也。其国

美国政制大略

选举由下

政分为两党：一则尽心保护国政，其宗旨时与各邦违异，名曰护国政党。一则惧国权过重，常以阻抑总统及总议院之权为心，名曰护邦政党。所举总统，亦即视党会为转移。余因稽美国史书，考历代总统名居，并详其党与，胪列如下：曰华盛顿卓耳基，斐真伊亚邦人，始立政法。曰阿但斯约翰，玛撒初色邦人，护国政党。曰遮非森多马，斐真伊亚邦人，护国政党。曰玛第森雅各，斐真伊亚邦人，护国政党。曰们柔雅各，斐真伊亚邦人，护国政党。曰阿但斯盔纳西，玛撒初色邦人，护国政党。曰乍克森安得烈，特尼西邦人，护国政党。曰凡布仁玛耳德，纽约邦人，护国政党。曰哈利森伟联，欧亥欧邦人，护邦政党。曰太勒耳约翰，斐真伊亚邦人，护邦政党。曰裒勒雅各，特尼西邦人，护国政党。曰颓勒耳撒绰利，鲁伊西阿那邦人，护邦政党。曰斐勒谋耳米勒耳底，纽约邦人，护邦政党。曰皮耳西范克森，纽罕西耳邦人，护国政党。曰布谌安雅各，偏斯伟那邦人，护国政党。曰林堪亚伯拉罕，伊利挪邦人，护邦政党。曰乍纳森安得烈，特尼西邦人，护邦政党。曰嘎纳特犹利斯，伊利挪邦人，护邦政党。曰哈伊斯，欧亥欧邦人，护邦政党。曰加勒得，欧亥欧邦人，护邦政党。曰阿特耳，纽约邦人，护邦政党。曰盔利兰，纽约邦人，护国政党。曰哈利森便雅悯，印第阿那邦人，护邦政党。曰麦铿利，欧亥欧邦人，护邦政党。

美国历届总统

初八日　辰正，偕伍星使廷芳并率同参议梁诚、参赞汪大燮、黄开甲，谒见美总统于艾士打湾行宫。美外部导

谒见美国总统

28,7,8

入，美总统候于宫门内。余入门，行三鞠躬礼，敬宣皇太后、皇上德意，传旨慰问。总统答礼，深颂皇上，并以余远道跋涉，深致拳拳。礼成，总统请大宴，申正始散席，辞归。晚，外部大臣就余寓中请宴，同席为纽约总统、纽约府尹，宾主酬酢，款洽逾恒。席散，请观剧，子正始归寓。

皇上一作“皇仁”

初九日　未初刻，即在客寓请美外部大臣并纽约总督、府尹午宴，即请伍星使作陪。申刻，拜纽约府尹，并往观邮信馆。书简杂袭累叠，奚止亿万。西人消息灵迅，响应桴鼓，洵有以也。出游铁桥，长数里许，轨道数重，有行电车之轨，有行火车之轨，有行马车之轨，无虑薄索相辆，逾时跨海面而过，轮船高，历历在目。过桥二里馀，经唐人街，为吾华民萃居之所。户皆悬龙旗，结彩绸，钲鼓骈隐，鞭炮轰阗，居氓欢呼雷动，各商董咸在道旁衣冠迎送，殊足感也。酉初，伍星使在客寓请晚餐。戌初刻，即发行李，登火车，赴温哥华海口。美外部大臣暨伍星使、纽约各商董，均相送于车栈。戌正，开行。案：美公司火车行最迅疾，其至速者每一点钟可行五百里，每一昼夜可行一万二千里。此车较迟，每一点钟约行三百馀里，每一昼夜亦可行六千数百里或七千馀里云。

邮信馆

铁桥

唐人街

此起抄本数字与刻本均不同

初十日　天气寒甚，车行六千四百馀里。余素慕华盛顿创国功业，今来美邦，始得详稽事实。案：华盛顿家世业农。年十六，充度地官。会法人侵英领地，土人亦乘机纷扰，英人举华盛顿为队将，每战必克，授提督。三年，

华盛顿创国功业

以次平法及土人之乱，辞职，开垦荒地。是时北美地俱英、法管辖，英税法颇严，美人请立议院如英制，不允，美人起与英抗，十三省绅董会议御英策，推华盛顿提督军务，誓自立。华盛顿谓用兵损伤多，请英王退师，不许，众乃推华盛顿为总统，进击英兵，血战三年。英诸大臣谓不如许美自立便，遂与法会美人，盟于巴黎斯。华盛顿见国本已立，独身归农。时美新造，国计无出，各邦代议士定国宪，请华盛顿核夺。逾年，推为民主，定四年一任。华盛顿承丧乱之余，极力区画，在职四年，顿成富庶之国。任满将归，适值英、法失和，法求助于美。美人欲借法泄之，华盛顿执不可。美人以为示弱，议院恐不能禁，坚留华盛顿主持，如初议，衅端终弭。再任满，解职，野服萧闲，与樵渔伍，尝言："帝王世及，不问贤否，是私天下也，大为民害，宜革之。"国人追慕其德，名其国都曰华盛顿，至今列在七大国之一云。美人之议自立也，实苦英虐政。当建国之初，华盛顿告各国曰："非我美人敢行叛英，英实不恤我美。"呜呼！强国务夺人土地，而驭之不以其道，结民怨，开兵祸，有势必至者。虽然，美之受制于英久矣，非华盛顿坚忍力战，必不能成开创之功，非合十三省为一民主，则无数小国，必不能免强邻之蚕食，非从战胜之后励精图治，而又时时以用兵为戒，则国之安危亦有不可知者。观美邦百馀年来，民主相承，日臻富庶，岂偶然哉！

进击英兵

推为民主

美国日臻富庶之由

十一日　车行六千五百馀里。案：美国史乘掌故，以

28,7,11

南北美之战最为脍炙人口。缘美国向分南北两部，南部驱役黑奴，北部欲废之，南北争论不息。咸丰十年，南部加罗里那先叛。明年，诸州应之，议立遮费泰威为大统领，出兵毁北部城寨，夺其船。是岁，北部亚伯拉罕·林根为大统领，其大将马惹亚的孙以七百人守沙列士敦之参的砦，南军七千人攻之，开砦而降，南军建牙营于里治门。北军与战于薄尔仑，大败。同治元年，北军将格兰多攻铎尼尔孙，虏一万八千人，南军弃威实城走。北军制一铁甲船，形如筏，甲板上设小塔，中装巨炮，载兵六千，与南军战，南军大败。铁甲之利，遂称于海内。自是攻战经年，两军死伤各数万人。三年，格兰多为大都督，作二军，一军沙尔满将之，一军格兰多自将之，与南大将黎会战累日，破之，进抵里治门，攻彼得堡。南军别将攻华盛顿，格兰多分兵蹑之，沙尔满逾险抵亚的兰达。时北军深入敌中，赖一铁路挽运。沙尔满与格兰多合发亚的兰达，弃铁路，深入敌地。格兰多与黎战数十合，大破之。北军四集逼黎，黎穷蹙，以全军降，内乱始平。夫用兵之道，贵乎将得其人。观美洲南北两军连年攻战，固亦互有胜负，惟南军将校长于兵略，不免有轻敌之意，而北将格兰多英武善战，又得沙尔满佐之，同心协力，卒能降服南军。厥功伟矣，爰特著之。

美国南北战争

十二日　车行六千八百馀里。案：美国举官，厥有三类：曰地方官，曰议事官，曰执法官。任官亦有三类：曰敕任官，如各部局正次卿、海陆军提督、使臣、领事，由

美国行政职官选任

总统特简；曰奏任官，如各部股长、海陆军副参以下官、四等使臣、领事、参赞，由大员保奏，奉总统拣派；曰判任官，如各部局书记、属官、海陆军小校佐、领署书记等，由其长选派，或由计吏局考取。其行政分八部：曰国务部，即外部，曰库务部，曰兵部，即陆军部，曰海军部，曰律部，曰邮政部，曰内政部，曰农务部。近年以来，议设商务部，其规制尚未备。此外又设六局，以理庶务：曰总理本国各省通商局，曰劳工局，曰胥吏局，曰国家刊印局，曰渔务局，曰地舆局。国务部正卿一人，次卿一人，二等次卿一人，三等次卿一人，参谋律师、副律师各一人，总办一人，外交股长一人，领事股长一人，清档股长一人，会计股长一人，图书股长一人，通商股长一人，委任股长一人，翻译无定额。又有国务正卿秘书官一人，邮政分局长兼文报委员共三人。正卿承总统命，司简派外交官、领事官之事，及其往来文牍，凡与外国公使、领事交际，各国订立约章，又与各省总督往来文牍，掌本国联邦大玺、外国约本、本国宪法律例定本，掌给发游历护照及外国领事认状，及刊布议院增订律例、各议员之条议、联邦之宪法，及使臣、领事之年报、月报、特别报有关商务者。次卿皆掌佐正卿，经理本部各事，司内外公使、领事往来文牍，及一切公文、照会属稿之事。正卿有事，则次卿摄理。参谋律师、副律师备正、次卿之顾问，及参议公文、约章属稿之事。总办稽察进退本部书记以下官，综理本部一切杂务。外交股长收掌本国、外国外交官

（旁注：行政八部；庶务六局；美国国务部各职官）

28,7,12

文牍。领事股长收掌本国、外国领事官文牍。清档股长司清厘一切案牍而收藏之。会计股长司本部收支数目、存储一切赔偿等费及其证券。图书股长收藏一切图籍，各国国书、约本，本国宪法、律例、公文等件。通商股长刊布领事官年、月、特别报，及凡有外国商务之事。委任股长记录敕奏、判任各官出缺、补缺、迁调之事，备办各项委任文凭、外国领事认状、游历执照、索交逃犯执照，监用联邦大玺。此外，各使臣、参赞、随员统谓之外交官，总领事以至副领事统谓之领事官。海军部、兵部所派人员附驻使馆者，谓之海军随员、陆军随员，经费由各本部自行给发，皆一律由总统简定，交议员议准派充。外交官恒于律法、政治出身人员中拣选，领事官恒于商务出身人员中拣选，又有议绅为出保结，是以位置得宜，不至失职。以下使领各署书记生、学生及领署挂衔副领事，可由使臣、领事举充，出使经费由本部于年底豫算来年需款若干，咨请议院议拨，内分别外交官、领事官两项。领事官亦有遵照部定章程收取照费以资办公者，亦有全资照费办公不领经费者。国家近年又新设外交公法学堂，培养外交人材。至各处商务学堂，亦兼育领事人材。闻将仿照欧洲各国办法，凡外交官、领事官皆专其任。盖其意视外交之学为国家命脉所关，故郑重有如此者。

外交官 领事官 出使经费

十三日　车行七千四百馀里。道中见野人甚多，服黄衣，居毡庐，状极蒙茸。华工亦复不少，皆粤人也。午后过滩河，沿途杉木甚多，风景特佳。案：美国库务部正卿

美国库务部各职官

一人，次卿三人，总办一人，建造绘图官一人，国库支应官一人，库务部稽核官一人，兵部稽核官一人，海军部稽核官一人，内政部稽核官一人，国务等部稽核官一人，邮政部稽核官一人，管理国库官一人，管纽约城分国库官一人，管诗卡各分国库官一人，管纽阿连分国库官一人，管波梯么分国库官一人，管辛辛那地分国库官一人，管三藩息司戈分国库官一人，国库注册官一人，监督银行官一人，监督铸币局官一人，管卡逊城铸币局兼提炼厂官一人，管纽阿连铸币局官一人，管费城铸币局官一人，管三藩息司戈铸币局管官一人，管典佛铸币局兼提炼厂官一人，综理印税官一人，总理航海官一人，总理沿海舆地测量官一人，总理通国律度量衡官一人，查验汽船官一人，总理江海医院官一人，稽查外国流民官一人，督理救生局官一人，造册处官一人，刊印处官一人，灯塔料理官无定额，委任股长一人，度支股长一人，公财股长、税务股长一人，巡税船股长一人，文书股长一人，公债国币股长一人，收发股长一人，杂务股长一人，律司一人。正卿掌通国之财政，凡裕饷富民之事，监督征收税饷、支用报销、国库出入，造具豫算出入表，咨交议院核议，兼司工程铸币、督理沿海地舆测量、救生船局、灯塔巡船及查验汽船、海面医院之事，事繁责重，为各部最。次卿三人，其一佐正卿掌税务、沿海之事，其一佐正卿掌铸币、银纸、国债、度支及本部所辖各官升降、补缺等事，其一佐正卿掌殖民、测地册籍及往还文件一切事。总办承正、次卿

国库注册“国”字原脱据文义补

28,7,13

命，稽察本部各股书记以下官，兼司邮寄信件、本部车马夫役以及保护国库一切事宜、正卿文书房之案牍。建造绘图官司一切公家建造之事，及稽查估修公家廨宇。国库支应官司决断一切收支可否之事。库务部稽核官暨兵部、内政、海军、国务、邮政等部稽核官，司稽察本部各股收支之事。管理国库官司华盛顿京城总库及纽约等城分国库及各处国家银行一切出纳之事，掌管各项经费存款、股票、债票及支给国家公债利息等事。总国库外，又有分国库八处，各设官一人，经理其事。国库注册官司查验纸币、公债票、股票一切国家证券，及签名、盖印之事。监督银行官承正卿命查国家各银行之事。监督铸币局官承正卿命，督理各局铸币及各厂提炼金银之事，按季册报各局办法、成色、数目及各国价值、成色。综理印税官监督征收印税，实行印税条例，管辖经理印税官吏、制造印花、颁发训条等事。总理航海官司一切船只注册及交纳船钞之事，每年册报于正卿。总理沿海舆地测量官测量太平洋、大西洋各海道及海口、河道、潮汐、沙线等事，造册刊布。总理通国律度量衡官。查验汽船官司颁行一切查验汽船章程，每年正月开令于华盛顿京城，集议验船事宜。综理江海医院官督理江海各医院医药、查验水手、引港人等气体，及颁行一切检疫防疫章程。稽查外国流民官司颁行一切限制外国人民入境及限禁华人入境条例。督理救生局官司颁行一切救生局办事章程、赏恤条例，及稽查在事员役之勤惰、江海失事之情形、人命损失之数，册报正卿。造

监督铸币　“币”字原脱据文义外

“度量衡官”一句原文疑有脱衍

册处官司查取出入货殖，如各国商务存栈货、消流货各货良楛、贵贱、税饷增减，各国商船出入口吨数，本国商船吨数，本国各埠商务情形、货产细数一切事宜，按月、按季、按年详造册表，呈于正卿，刊布各处。刊印处官司刊印国家所用契券、文凭、证据、图籍、国库国家银行所出纸币、股票、债票，凡一切公用之件。灯塔料理官司稽查沿海灯塔、浮桩、灯船、雾标等件，及应增应移之事。此外又有税务司一百二十三人，由正卿奏派，分驻各关，又税务稽察四十六人，巡海官六人，皆归库务部所属。

十四日　早，车行二千馀里。未初车停，缘司车长接德律风，知前涂山洞中有坠石当轨道，碍车行，故须少待。爰下车一游，野花纤缛，老树亭苕，别饶风景。少顷，闻有声隆然，盖前涂用火药以炸裂坠石也。未正开

抵温哥华

车，申正抵温哥华埠，住客寓。埠甚繁庶，盖亦贸迁有无之要地。客寓虽不如纽约之华美，亦极宏敞。侍者以日本

美国兵部职官

人为多。戌初晚饭后，殊觉疲苶，即息。案：美国兵部即陆军部，正卿一人，次卿一人，总办一人，总理军务陆军一等提督一人，秘书官一人，中军官二人，军政司副总办一人，炮队总管一人，炮队副总管一人，总书记一人。其外分曹而理事者，曰军政股，曰考功股，曰转运股，曰军需股，曰军医股，曰支应股，曰工程股，曰军械股，曰军

正卿职责

法股[①]，曰功恤股。正卿承总统命，督理一切陆军事宜，

① 据下文，此下应脱“曰军号股”四字。

28,7,14

掌估计、稽察本部及各行营、坐营支项，购办粮草衣械、养兵运兵各费，及议院准定一切支项，管理委士盘国家武备学校及陆军教育事，兼管防守局、战务记功局事务，又掌通国边防海防、储办枪炮、修浚河海之事。凡议院议设水道、桥梁等工，亦须查核准驳。凡防营添设、改设及本部所管公地，均听调度。次卿佐正卿司河道、海口，及安设桥梁、租出公地等事，稽察武备各事及纪功恤典等股，办理募勇、散勇粮草及军营法司、狱囚诸事，又管各省义团各项款目、测量地理、招办军需、赠给宝星功牌、修理昭忠坟墓等事，查考古巴、飞猎宾各岛情形，及料简各该岛寻常事宜。总办承正、次卿命，司理文案，收发、转递各营文函，刊刷告白、文件、报册，采办纸张笔墨，以及凡本部一切杂事，及正、次卿日行寻常事宜。军政股司宣布总统、兵部正卿、军务处之命令及其往来文牍，收储各军册报，备办委任札付，收受告退禀件，并承卿命管理招募之事。考功股长率其副分查各军驻所、各等学堂之有军官教习者，以及各营合操所、义团营房、船政制造等局、炮台防垒，凡陆军各官所司之工程及陆军各官开除之款项。转运股长率其副筹办运送陆军及其衣械、器具、马驮、车舟、草料、纸张、笔墨，及一切备存陆军应用之物，给办义团之衣服、器械，建造修理陆军驻所之码头、桥路、屋宇及其食水灯火，专司昭忠坟墓，兼司犒赏、雇募侦探、乡导、通事等人。军需股司备办、分给陆军粮食及豫备军营准用物件，以便弁兵购领，稽察各项支销。军

次卿职责

总办职责

各股职责

医股司陆军医药、选派军医、稽察军医、储备药料及陆军医院、医报之事。支应股司支给本部及各营陆军将弁兵丁俸粮，估发陆军各官公费及给发伤亡弁兵除存未领俸粮。工程股统理工兵各营，修筑炮台防垒，安放水雷防海各事，军行桥路，河海、塘湖丈量工程，及议院所定兵部应办工程。军械股司备办、存储、发给美国常备、义团招募各兵战守所用大小枪炮器械，查考新式战具情状、图式以试验枪械之法，讲求各局制造，严杜参差糜费诸币。军法股司理一切军法司律令、案件，及陆军章程条教之事，查察关涉陆军各营、各学堂、各工程之案，及陆军弁兵被控之案，赞助正次卿、各股订立合同，凡有关律例之事。军号股司撰办陆军一切号令、旗号、灯号诸图说，各陆军行营电报、德律风各事，代传各陆军探报一切事。功恤股司纪载伤病阵亡陆军弁兵之事，及凡与恤典局有关之事。凡股长以陆军二三等提督承充，其俸薪亦较他部股长为特优云。

自温哥华启程

十五日　早起发外务部电一件，报由温哥华埠启程日期。未正一刻，率同参随、翻译人等登英公司“日本皇后”船。是船宽广较行大西洋之山博而船仅及其半，重力不过六千吨。申初刻，开行。同舟〔有英国香港总督及比国代办使事参赞葛飞业，不期而遇，殊可喜。又有〕华商叶恩、李梦九来谒见，皆粤人居维多利亚埠者。日昨接该埠华商公电，请余抵埠时往临，余以权舟为时过促未及登岸覆之。戌正，舟抵维多利亚埠。该埠华商共百馀

〔 〕内之字据刻本补

28,7,15

人，登船来谒。余不通粤语，命参赞汪大燮传语慰问，总以毋忘国家厚恩为嘱，诸商唯唯而退。亥初即启碇行。

日指西班牙

美国陆军大略

案：美国陆兵定额，正兵共二万馀名。自一千八百九十八年美日战后，得小吕宋、古巴诸岛，乃增兵额，然议院定例不得过十万人。战时，总统可调各省预备兵投效，有事则赴，无事则散。各省预备兵共十万六千三百三十九人，教之战法，以时训练，平时无饷，师行粮食。军队分七事：曰军务处，曰工程师，曰马兵，曰炮兵，曰步兵，曰医院，曰传发旗号队。正兵额缺由兵部召募，于各书信馆遍贴告示，愿当者先由医生验看，及格然后挑选。投效者须能读能书，身驱强壮无病，品行端正，年长不过三十五以上，年少不得在十八岁以下。如未及二十一岁者，须其父给予准单。父殁，母可代给准单。如父母均殁，则亲属管束人可代给发。如投效步军及防护海滨炮队，身高须过五尺四寸，身重最轻一百二十磅，最重一百九十磅。如投效马军及陆地炮队，身高须在五尺四寸以上、五尺十寸以下，身重不得过一百六十五磅。凡当正额兵，以三年为限。兵饷每兵每月给饷银十三圆，另给兵衣及粮食。如兵丁派往古巴、巴都力如、小吕宋、檀香山及阿拉司加当差，月俸每百加二十。兵官派往以上各处，每百加十。兵官分二等，一有照，一无照。有照兵官由总统及兵部发给官阶文凭，皆系陆军学堂出身，亦偶有由兵卒考升者。兵官升阶，或按资格，或论战功，或论办事劳绩，俱归总统酌定，咨令上议院议准。至其武备学堂定制，每上议院议

武备学堂定制

绅及下议院议绅，可派本省少年一人入堂肄习；未入行省之省及华盛顿府，亦可各派本地少年一人入武备学堂。此外，总统可简派三十人入学习武事。议绅简派人法，有先登报布告本府人考期，招少年应试，考取第一即送兵部，兵部给准照前赴学堂考试，考取即准入院；有议绅不用考试之法，即简派一人，请兵部给照赴堂考试。亦有时简派两人，一正一副，请兵部给予考试准照，正者先考，不入选，传副者往试。投考者年岁须在十七岁以上、二十二岁以下。考试之目有五：曰写字，曰算法，曰文法书，曰地理志，曰美国史记。入堂以后，四年毕业。所读之书，为算法、法文、西班牙文、绘图、操武、法理学、化学、格物、矿务、地理、电学、史记、公法、陆军战例、国例、工造，及营造法、武艺、放炮法、军火。定课自西九月一号至六月一号读书，自西六月中浣至八月杪专学阵法，并居棚帐。每年甄别二次，有不入选者斥退。学成卒业者，即派充千总官。生徒在学堂时，年俸五百四十圆。外国人入学堂，须归议院议准后方可收入，并须自备资斧。入学堂后，两年后准请假回家一次，平时不准请假，俾得专心学业。其章程大略如此。国中枪炮厂共有十七处，约分三种：一为藏枪炮处，一为制造军器处，一为藏军火处，均随时由兵部查核。

（考试之目）（枪炮厂分三类）

十六日　舟行太平洋。案：美国海军部正卿一人，次卿一人，总办一人，度支书记一人，总理军务处海军一等提督一人，中军官一人，秘书官一人，调遣股长一人，厂

（美国海军部职官）

28,7,16

坞股长一人，师船供给股长一人，军械股长一人，修造股长一人，汽机股长一人，医药股长一人，军需股长一人，通信股长一人，军法股长一人。正卿承总统命，掌一切海军之事。次卿佐正卿，掌一切海军之事。总办司本部文牍及正、次卿房之文件。调遣股长司传正卿号令于各船队，训练海军官员、兵卒，招募、遣散判任以下官及海军兵卒，载送弁兵，分配水手，记载全军各队分扎处所，增修军略、军志、号令、电码、通行章程等书。厂坞股长司全国海军船坞、船厂及其产业，及厂坞内之器具、工作等事。师船供给股长司供给全军各船所用缆锚、帆绳、海图、灯旗、纸张、书籍一切师船应用之件，及收取外洋各处海图分给诸队。军械股长司水雷、火药、炸药、枪炮、机器、船舰、皮甲、各厂局之事，制造、存储、分给、运送以上各件，及供给各厂局应用纸张、笔墨、簿籍一切物件。修造股长司建造师船一切打样、马力、重力，凡船只相关之事，及修理船只应与军械、厂坞两股合办之事。汽船股长司打样、购造、配制、修理行用一切汽机事件，凡师船所需者。医药股长司海军各项医院、医生、人役及所用器具、药料之事，又司建造医院、运送医药等事。军需股长司供给运送全军粮食、衣服、用物、食水及估计其费。通信股长司通传海军相关消息、信报等事。军法股长司理一切琐务，与兵部军法股同。载考美国水师学堂规制，创始于一千八百四十五年，设在美利兰省安拿波里斯地。其考取学生入堂之法，每年总统选派十名，华盛顿都

美国水师学堂规制

城一名亦由总统举，下议绅每人可荐举一名。如遇缺额，水师部大臣每年三月五号后，即行知照某处缺额之下议绅，另行荐举充补。各学生均应在学堂学习四年，出洋操练两年。学生务取强壮，其年岁须在十五岁以上、二十岁以下者，始准入堂学习，均须具结声明自愿为水师效力，若非由国家先行开除，八年之内不得规避。学生自入堂之日起算，每名每年领费美洋五百元。其已经出洋操练者，遇水师员弁缺出，即可按级升补。

美国海军现有船只

统计美国现有海军船只，铁甲战船十八艘，铁甲巡船八艘，蚊子防口战船二十艘，巡船五十二艘，水雷船六十艘。船厂之著名者，一在布鲁连，一在费城，一在砵罗耶，一在金山。

十七日　舟行太平洋。巳刻有风，午后风益甚，浪入舱中，溯湃有声。夜风狂猛，舟大撼，磕然一声，若惊霆之不测，盖系浪击船面，铁梯为断。其馀玻璃、碗盏、器具倾倒撞碎之声，不绝于耳。

《太平洋歌》

余不得寐，口占《太平洋歌》一首，其词云："太平洋势互西东，蚿蛇秋水百潦洪。澎濞湛濼两洲通，试访河伯与海童。我行凿空自纽约，历尽千山与万壑。维多利亚暂依泊，转瞬船头风浪恶。冯夷击鼓鲸鱼趋，骊龙惊起探明珠。九天九地凭风驱，踏破云梯拉朽株。颠倒回混穷区骛，海客蜷伏鲛人怖。沉心摇精不得寤，手足罢券蒙疾痼。吁嗟乎！生人是处皆风波，鹏戾鲲横强食多。但愿八极靖干戈，容与太平姿婆娑。"丑初刻，舟停，撼如故。

美国律部职官

案：美国律部正卿一人，次卿一人，参议四五人，国务部参谋律司一人，库务

28,7,17

部参谋律司一人，印税参谋律司一人，邮政部参谋律司一人，内部参谋律司一人，总办一人，律务总委员一人，估核股长一人，赦释股律司一人，委任股书记官一人，支应股书记一人，验案官一人。正卿掌本国凡有关法律之事，决主各部局应守之条例，解释律例之意义，稽察全国之审案律司、提刑等官，赞佐本国与外国法律交涉之事。次卿佐正卿理法律之事，代本国国家辨论一切控告之案。参议承正、次卿，分司各项法律之事。国务部参谋律司、库务部参谋律司、印税参谋律司、邮政部参谋律司、内部参谋律司分隶各部局，参议有关法律、条约、例章、案件。总办司本部书记以下员役，及本部文牍一切杂事。律务总委员总管本国监狱囚犯之事，督率其属分行各省，稽察各审院之事。估核股长司稽核全国审院之审案律师、提刑、书记等官支销款项，上于正卿批准后，分行各该省暨库务办理，并估计全年费用。赦释股之律司司一切援案吁乞减赦等事，其海、陆军弁兵仍归各该部办理。委任股书记官司委任、存记、荐举等事，及备办委任文凭。支应股书记承正卿命，支发总察院、分巡察院各审官、提刑、书记等官役俸薪，及本部一切支用等事。验案官司查验一切控案主名。载考其执法之官，全国总理上察院驻华盛顿京，专理全国刑案事件，凡各分道上察院及中央政府所派之察院皆隶焉。总察正按察官一人，副按察官八人，曾任各省地方察院及分道上察院官者，方得派充任事，无大故则终其身，例由总统简派。其属书记二人，武弁一人，访事一

执法之官

人。分巡各道上察院计九道，正副按察官分领其事，各道设按察二人，例由总统、察院会派。各大郡上察院八十二所，各设按察一人，任或十年、或六年，例由民间公举，或由总察院及本省总督会派。此外又设控请院，驻华盛顿，专理民间控请国家赔恤、给还地产一切等事，其官正按察一人，副四人。又设私产控请院，驻华盛顿，专理民间私产调判、分给、追还一切等事，其官正按察一人，副四人。又设诉告院，驻华盛顿，专理一切上控总统或总察之事，其官正按察一人，副二人。各省设本省地方等察院，无定限，隶总督。各城镇设巡警审堂，亦无定限，隶美尔及巡警总办。美国之律法如此。

设控请院

十八日　早风息，舟开行略平稳。案：美国邮部正卿一人，次卿一人，二等次卿、三等次卿、四等次卿各一人，总办四人，参谋律司一人，委任事务书记一人，总度支书记一人，城镇记载官一人，度支股长正、副各一人，派信股长正、副各一人，供给股正、副各一人，汇票股长正、副各一人，废信股长正、副各一人，待问股长一人，转递股长一人，合同股长一人，稽察股长一人，邮器股长一人，铁路股长一人，外国股长一人，理财股长一人，邮税股长一人，分级股长一人，挂号股长一人，销票股长一人，档案股长一人，委任股长一人，察吏股长一人，纠察股长一人。正卿督办通国邮政事务，除正部次卿、各大局总办由总统简派外，本部各员及分局总办委员薪水一千元以下者，皆由正卿委派，兼掌与外国订立联合邮政条约，

美国邮政部职官

正卿职司

28,7,18

及与各局、各公司订立办理邮政事务合同。次卿佐正卿专掌度支以下六股之事。度支股长司支发各局员月俸薪、一切局费，经理分局书记押保租赁信箱、启闭邮局时刻、各局员役请假及设立邮政分局等事。派信股长司各城邑收信派信办法，安设信箱等件，稽查派信路径、程途、时刻，选派信夫，稽察勤惰等事。供给股长司各局应用纸张、笔墨、秤磅、簿籍等件。汇票股长司本国内地邮政汇票及外国往返邮政汇票之事。废信股长司凡内地、外国信件之无人收受者，设法递寄，或存储该局候查，或寄还原主；其有紧要文书、银物，一律迅速交还，其无主者报知总局存储，告白候领。待问股长司复答各局员役查询邮政事例、办法。二等次卿佐正卿专掌转递以下六股之事。转递股长司凡由铁路、电路寄信及马车载信、气筩传信等事，督造火电等项寄信车辆，料理津贴各公司代行车辆之事。合同股长司与各车船订约装信之事。稽察股长司稽察各车船公司及代理分局能否按照合同办事。邮器股长司制办、修理、分给一切邮袋、信箱钥匙等件，并记其存数、毁数。铁路股长司铁路代带信件之事，及随附铁路邮政书记委调升降之事。外国股长司凡与外国邮政联合往来交涉之事，及轮船代带信件之事。三等次卿佐正卿专掌理财以下六股之事，兼掌供给各署公用免费信封、信片等件。理财股长司本部款项收入、存储、生息之事，及指挥各分局入款存解办法。邮税股长司发交各分局邮票、明片等件，核算其销售应入之数，立册存记。分级股长司凡一切邮件分别其

次卿职司

各股职司

等级，定为邮票数目，立册记载。挂号股长司凡一切挂号信件及其办法。销票股长司各分局缴还废坏无用信票、明片等件。档案股长司本部一切大小文牍。又其属有办理邮票委员一人，办理明片委员一人，办理邮票、信封封面纸委员一人。四等次卿佐正卿专掌委任以下各股之事。委任股长司本部委派各局员役之事，及订定分局名称。察吏股长司记载各局员役押柜保结等事。纠察股长司纠察各员及违犯邮例之事。此外又有分局总办六十一人，委员无定额。余觅近年美国邮政出入年表，载一千八百九十九年卖信票共收美洋九十五兆零二万一千三百八十四元，费用一百零一兆零六十三万二千一百六十元；一千九百年卖信票共收美洋一百零二兆零三十五万四千五百七十九元，费用一百零七兆七十四万二百六十八元；一千九百零一年卖信票共收美洋一百一十一兆六十三万一千一百九十三元，费用一百一十五兆五十五万四千九百二十元。

美国邮政出入年表

28,7,19

英轺日记卷十一

七月十九日　舟行太平洋，颇平稳。考美国内部正卿一人，次卿一人，二等次卿一人，总办一人，参谋律司一人，委任股长一人，支应股长一人，公地铁路股长一人，土番事务股长一人，专利等事股长一人，土番属部股长一人，请给赏恤司长一人，纸张册籍司长一人，清档股长一人，专利给照局督办一人，赏恤局督办一人，公地局督办一人，教育局督办一人，铁路局督办一人，地理丈量局督办一人，户口册借局督办一人，土番局督办一人。正卿之职，督理专利给照、赏恤官弁兵吏、国家公地、红皮土番、通国教育、通国铁路、地理测绘、户口册籍、公家苑囿、津贴农工诸学等事。凡克仑比亚京畿内之医院、善堂，亦归稽察。次卿佐正卿专理内部与库部及各属省交涉之财政契券、合同等事，兼理土番产业购买、典押及铁路股与保全通国著名苑林等事。二等次卿佐正卿专理专利、 美国内务部职官 正卿职责 次卿职责赏恤、教育之事，兼理疯狂瞽瘖各种医院、善堂。总办之职掌本部书记以下一切员役及正卿往来文件，供给本部应用纸张笔墨等件，及刊布缙绅录。专利给照局督办掌凡一切新法、新机、新理或改良各件之有益民用者，督所属查验得实，给照准其专利，声明权利年限，凡商标、号码、招牌等件注册存案。赏恤局督办掌凡曾立战功之官弁兵役生时赏功及死后恤典呈请办理者，督所属查验得实，照例给照，准领银两。公地局督办掌凡公地产业租卖典批及拨充各项公用善举等事。教育局督办掌稽察通国教育之事，凡整顿学律、学规，扩充学堂、书藏、教习、学生一切情形，按期造册刊布，兼理津贴农工学堂办法。铁路局督办掌凡铁路公司敷设铁路在米悉悉皮河之西南北岸相近之处者，或经国家津贴担保债票股分者，或借用国家公地官道者，应将图说呈请督办查验，按年将数部呈请督办查验，督办即将随时稽查一切律法、合同之事，每年六月杪造册刊布。地理丈量局督办掌所属分别公地之等级，查核地舆图说、泉水源流、地宜土产，及丈量山林等地。户口册籍局督办掌所属办理通国及属地户口，凡生齿事业、本籍寄籍、三代等事，一一注明，造册刊布；每十年清查户口一次，临时由议院拨款，派员周历各省，特设分局办理，限期告成。土番局督办掌内地土番一切生聚约束、教育、供给粮食衣服等事。盖美国内部，略如《周官》司徒之职，朝市之事、养育之宜皆属焉，纲举而目张，庶政事四达而不悖也。

总办职责

各局职司

28,7,20

二十日　舟行太平洋，有风，虽较十七晚稍平，然呕哕之声已相连属矣。考美国农部正卿一人，次卿一人，总办一人，委任司总办一人，天文股长一人，畜牧股长一人，植物股长一人，森林股长一人，化分股长一人，辨土股长一人，验虫司总办一人，体物司总办一人，支应司总办一人，纂修司纂修官兼总办一人，记录司总办一人，外国商场司总办一人，书藏司总办一人，道涂司总办一人。正卿之职掌一切农务之事，督理农务试验各场，稽察边境检疫所牲畜入口及内地检疫所牲畜转运，搜采农务新法随时刊布，动植各物新种分给民间试育。次卿佐正卿掌农务一切事。总办掌本部书记以下员役及本部杂务。委任司总办承正卿命，司本部与所属各官迁调、委派、裁撤之事，及其公牍、文凭。天文股长承正卿命，测算阴晴寒暑风霜雨雪，逐日刊布，遇有风灾、水旱，先期布告，临时升旗示警，以便农商及航海诸人；又测算河流涨落，稽查沿海传警电线，搜采海疆消息，随时布告，以便商务航业；又测候天气雨水，以便种棉。凡天文之事有关农商者，均归掌理。畜牧股长掌查考各种畜病，设法消止，稽查各牧厂及屠市情形、进出口各种牲畜及内外检疫所转运牲畜事务，又稽察牛乳、牛油制造厂果无弊害，始给文凭，准其出口。其属有畜牧分化所，官七人，主考查牲畜肉质、皮毛种类，乳酪各物损益及牲畜病源。又有畜牧试验场一所，官二人，掌试验牲畜牧养之事。以上并属于畜牧股。植物股长掌查考一切植物性质、功用、品类及除病去虫之

美国农务部职官

正卿职责

各股职责

害，并督理各所场事务。其属有查考谷蔬病害功用所，官八人，掌查考五谷、各种菜蔬有关民生者，如何去病除害、肥种生力以及移种选子之法。又有草木查考试验所，官四人，掌考查各种草木性质、功用、损益生杀之法，分别子种之事。又有牲畜草料查考试验所，官二人，掌考查本国、外洋各种草料宜于牲畜者，其移种选子之法，天时土宜之别，及试种之事。又有果瓜考查所，官三人，掌考查各种瓜果性质、功用，如何移种、培养、收藏之法，一以供民用，一以销外洋。又有园囿料理试验所，官三人，掌经理京城各街公家园囿栽树种草之事，及讲求试验花窖一切培养花草之事。又有议院分派子种官二人，掌收藏各项贵重种子，分给上下院绅士、各省委员、各省试验场，令其试种。又有子种树秧交换所，官二人，掌搜采天下各国草木谷蔬名种，分行本国各省试种。又有阿灵顿谷蔬瓜果试种场，官一人，场在京城南，为本部试种总汇之区。又有茶叶种制场，官一人，场设南加路邻那省，专试种茶叶及制造之法。以上并属于植物股。森林股长掌教导农民、林业诸商等一切种树取树之法，本国树木稀少之地设法栽种，并教导种植之法，考查何种树木可以销售商场及一切树木长养锯解之法，又助内部整理林木之事。化分股长掌用化学法分化水土性质，宜种何项植物，宜畜何项动物，如何肥土净水，何种食物有益卫生，及襄理本部各股需用化学之事。辨土股长掌查考土性宜于种植之事，及将通国地土绘图列说以资考究，兼考查种植烟叶之事。验虫

植物股下属各所场

森林股等

28,7,20

验虫司等各司职责

司总办掌考验各种飞走虫豸有害动植诸物者如何捕捉灭绝之法，并将其形状、性质刊布各处。体物司总办掌考查动植物性土宜，分别通国地方绘图刊布，又考查鸟兽及兽之孳乳者如何保全使无扰害，又颁行议院所定雀鸟入口及保全雀鸟之例。支应司总办掌收纳部库拨款、各项入款，支给各股、各场所费用，及财政之有关本部者。纂修司纂修官兼总办掌撰辑刊布报章、通启及一切公牍，凡有关天文农务之事皆辑录刊印，通行各议绅。记录司总办掌访查本国、外国农务谷食牲畜牧情形，本国由各城邑官绅、外国由领事农商委员随员等官商代为查报，撰录成书，刊送各议绅、各省官员，又辑谷类收成、市场情形，每月一册，分布各城。外国商场司总办掌推广本国农产销行外国商场之事，凡各国市场所需品物一一查明，又查如何转运、如何入口、如何销售之法。书藏司总办掌本部购存捐入各项公私书籍报章，及各股年报、通启、册籍之类。道涂司总办掌稽查通国街衢道路修治平筑情形，及如何整顿之法。

农事教育

至其教育农事，由农务部、渔务局、各试验场为之提倡，农部又刊刻各种新法之书，任人取读，不受赀。农务赛物院亦任人入观。农学堂除教学生外，并设夜课，以教农家子弟之无暇往学者。又恒于冬令农闲之时，开农务演说会，用浅语浅法教导村农之不能读书者。而国家于地税则征收甚微，只由本省酌收若干，供本省公用。惟本康地或昔地，则按年豫算摊捐，以供地方之公用，其数亦不一律。斯美国任地之大纲也。余案：孟子言王政，不过曰

"五亩之宅，树之以桑"，曰"百亩之田，勿夺其时"，而对滕文公，则曰"民事不可缓也"，可见农务实为国家本事。近人论西国之富，辄称其美矿产、擅工艺，鲜有及于民事者。不图今至美洲，考其重农贵粟之经，实与我中国先贤所论隐相符合，且美国致富之本，实以树艺为大宗，乃叹古圣贤经济所包闳远，固未可以私臆菲薄之也。

农务实为国家本事

二十一日 舟行太平洋，略平。案：美国近两年出口货物，大约农务出产者居百分之六十四，矿产居百分之四，制造出产者居百分之二十八。计一千九百零一年出口货物所值，农务出产已居九十四兆元。知农务之不可不重，而鼓舞商情，流通货物，如泉源之畅行于地，尤为国家元气所关。其奖劝工商之法，一曰免税，二曰赛会，三曰奖给金、银、铜三等牌，四曰专利。此外复准民间自设工商学会，只须将章程禀官查验存案，并准地方官入会为会友，其提倡可谓至矣。查美国商船注册领凭者，轮船共七千零五艘，帆船、运船及各种船共一万六千艘，载货共五百万吨，约值二百一十五兆零六万九千元。再考近五年出入口货物价值表，一千八百九十七年出口一千零五十兆九十九万三千五百五十六元，入口七百六十四兆七十三万四百十二元，计出口多于入口二百八十六兆二十六万三千一百四十四元；一千八百九十八年出口一千二百三十一兆四十八万二千三百三十元，入口六百十六兆零五万零六百五十四元，计出口多于入口六百十五兆四十三万一千六百七十六元；一千八百九十九年出口一千二百二十七兆零二

美国奖劝工商之法

美国近五年进出口统计

28,7,21

万三千三百零二元，入口六百九十七兆十四万八千四百八十九元，计出口多于入口五百二十九兆八十七万四千八百十三元；一千九百年出口一千三百九十四兆四十八万三千零八十三元，入口八百四十九兆九十一万一千一百八十四元，计出口多于入口五百四十四兆五十四万一千八百九十八元；一千九百零一年出口一千四百八十七兆七十六万四千九百九十一元，入口八百二十三兆十七万二千一百六十五元，计出口多于入口六百六十四兆五十九万二千八百二十六元。

二十二日　舟行太平洋，午后有风。案：美国于各部外分设之六局：一、总理本国各省通商局，专理各省彼此交易，凡土产制造如何改良便宜之事，尤重在转运货物一事，凡铁路、轮船、河道皆听稽察，详报议院；商旅人等违犯转运条例者，听其议办。其官督办五六人，秘书官一人，总办、总书记无定额。二、劳工局，即工人局，专理大小巧拙工作之事，凡民间待遇雇工工作时刻、男女劳工年限、各行工值及教育工人、劝化工人之事，皆听稽察，造册详报议院。其官督办一人，总办一人，支应书记一人。三、胥吏局，专理考选传各部局、地方公局书记以下各员之事。其官督办二人，总考试官一人，书记一人。四、国家刊印局，专理刊印文牍、律例、银币、钞票，凡国家公署一切用件。其官督办一人，总办一人，秘书官一人，技师二人。五、渔务局，专司本国一切泽梁数罟之事。其官督办一人，以熟悉渔务者充补，职在育养民食鱼

各部之外分设六局

秧及虾蠔蚌蛤等水族，分交各处试育，查考害鱼病鱼之事，化验河海各水宜于何鱼，务使凡有河湖之处，均有各种鱼秧以供民食，搜采凡有关水族之事及养育水族之法，均编辑成书，详达议院。外有总办一人，食鱼股长一人，育鱼股长一人，渔法股长一人，支应书记一人。别有分局、试验渔务场三十七所，分布各省河海要口。又分派鱼秧火车五辆，考查渔务轮船二艘、帆船一艘，其事皆隶于总局。六、地舆局，专理一切舆地图说之事，及拟定地名，通行照用。其官总办一人，书记一人。此外有国家美术院一所，专收集名家画图、磁器、绣物以为标准，会员无定。要而言之，各部以综揽宏纲，各局以分理庶务，所谓如川之流，脉络分明，是以任官惟其能而国无废事也。

国家美术院一所

此日重日

二十三日　是日为重日。盖自西徂东，舟随日行，度数不同，积分成日，至此适满一昼夜，故本日在欧、美两洲为二十三，在亚洲已为二十四矣。考美国议政分上、下两院，议定律例、宪法以及通国应行之事。上院议绅九十人，每省举二人。美国行省四十五，共九十人。年岁须在三十以上，隶美籍须在九年以上。任六年，俸五千元，书记俸十元。下院议绅三百五十七人，每户口三万准举一人，年岁须在二十五以上，隶美籍须在七年以上。任二年，俸同上院，又属部委员无定额。上院绅以副总统为议长，以下各议绅分股议事，约而言之，有农务山林股，有海滨测量股，有户口股，有选官吏股，有海防股，有商务股，有京畿股，有京畿公司股，有教育股，有大学校建立

美国议政上下两院

上院设置

28,7,23

股，有理财股，有渔务股，有外交股，有保全动植物股，有地理测量股，有修理米西息皮河道股，有印甸土人事务股，有运河股，有内地商务股，有刑狱股，有藏图书股，有制造股，有武备股，有矿务股，有海军股，有稽察行政各部股，有太平洋群岛事务股，有太平洋铁路股，有专利事务股，有恤赏股，有飞猎宾事务股，有邮政股，有印刷股，有私产索给股，有公家廨宇股，有卫生股，有公产股，有铁路股，有坎拿大交涉股，有古巴交涉股，有修改美国律例股，有属部股，有通海运转道路股，有保全妇女股，有运售肉食股，有工业赛会股，有国家银行股，有稽察度量权衡股，有劳工股。各股名目不一，时有增减。大约每股自五人以至十二人，举一人为领袖。凡事先经本股议妥，然后集众陈说。有一人兼任数股者。下院则自举议绅为议长，其分股略与上院同。每岁以西历十二月辟门聚会，以西历三四月散会，有事则改迟。两院不得参差也。事经议妥，则呈于总统请命。若总统不允，仍交两院再议，倘议绅有三分之二以为可行，则径施行，著为例，否则作罢。凡议事，以从违多寡决可否，如欧洲例。省议会分上、下两院，如国议院例。上院绅年岁须在二十五以上，任或二年、或四年，日俸数元，散会停俸。下院绅年岁须在二十一以上，任二年，俸同上院绅。议事之章如国议院。康地、昔地议会略仿省会下院之制，会长一人。美尔有事，则由会长摄事。会绅年俸一千元，任二年，书记官一人，由议会公派，以理杂事。凡康地、昔地之事，由

下议院

省议会

市议会

康地即郡县，昔地即市镇，美尔即市长

议会议定，上于美尔，以决可否，章程如省议会例。

二十五日　舟行太平洋，晚有风。余在纽约时，觅得美国学校章程，至是命参议梁诚口译。询以美学校官私共若干所、生徒共若干人，译曰：大学只陆军、水师两学为官建，其馀皆私。中学、小学各种学，官建者学徒共一千六百万人。民间私设大学、预备大学共四百八十所。大、中、小各种学，私立者生徒一百九十万人。专门学堂兼大学堂学徒六万九千人。询以官学堂岁费若干，译曰：除海军、陆军两学堂不计外，约二百十三兆三十万元，内盖造学堂书楼、铺陈书籍等费三十八兆，总办、提调、男女教习薪水一百三十六兆，杂用三十九兆。学堂入款，常年已定生息等款九兆二十万，各省政府税三十五兆，本地方税一百五十兆，各项收款二十三兆，共二百一十七八兆。询以学堂选取教习之法，译曰：除大学已领凭，作为举人、秀才之学生，兼习师范准充教习外，另有专门师范学堂诸生，不论男女，读书满四五年，经本学考试及格，省督及学官考试及格，始给凭，在本省各学充教习。大约经十六次考试，始得为人师教小学。初充教习，年脩自五百元，递增到二千元，并可升总办、督办，亦有以女子为总办考者。询以专门之学分几门，译曰：法律、医学、天文、算学、理财学、工程学、化学、农学、哲学、矿学、传教学、商学。询以学生卒业如何录用，译曰：无定章。惟业医者非医学堂得凭之人，即为犯例。其他律司、工程司、传教师、牙科师、电学师、化学师、打样师皆然。即商务

（旁注：美国学校大略；专门之学；卒业录用）

28,7,25

中之至下等者，如写快字、机器钞字之类，亦须有学堂凭据，始有人雇用。如中国之教官，非秀才、举、贡不能作也。有不录用之例，则人人皆求所以录用也。询以国家如何考查学堂，译曰：系地方绅士所办之事，每城必有视学官，或学务司之类，又由绅士彼此公推数人，作为查学会，随时可以查考，有改学章、易教习之权。内部亦有学务股，不过受各省、各城学官之成，稽其册，颁行通国而已。询以藏书若干所，译曰：美国藏书五千三百八十三所，书四十四兆六十万卷，任人取阅，不收赀。官立者十之一，学会立者十之三，学堂附属者十之一，馀皆富民独力创建者，以便寒畯。询以推广教育之事，译曰：学会有演说，善会亦间有演说者。大约为年齿较暮及无暇读书、无力读书之人而设，为益尤大。其法先由会长延请专门名家，拟定题目，排日演说，先期布告各处。有凭票入门者，有随便入听者，无日无之。此外如新闻纸，亦教育之要端。美国新闻纸，计月报二千九百零二家，七日报一万五千四百七十五家，日报二千二百七十一家，半月报二百八十五家，三日报五百十一家，季报一百七十六家，两礼拜报七十一家，两月报六十九家，三礼拜报五十五家，约共二万一千八百二十七家。译讫，亟录存其说以备考。

考查学堂

藏书处所

推广教育之法

二十六日　舟行略平。案：美国行省、属部各官，分立法、行法、司法三种。行法者，总督以下各官也。行省总督举自民间，年岁二十五、三十以上，曾入美籍五年或十年以上，住居本省二年或五年以上，方得膺举，任二年

美国三权分立

或四年，年俸一千五百元至一万元。属官自副总督外，有

行省、属部职官

国务司，有稽察度支司，有库务司，有学务司，有律政司，有公地司，有农务司，有庶务司，有测绘司，有路政司，有书藏司，有刊刷司，有监狱司，有工务司，有稽察制造各厂司，有稽察银行司，有稽察煤油司。以上由地方公举者十之八，由总督自辟者十之二，任或二年、或四五年。其省司法院、郡县镇市司法院，统由地方公举，任或六年、或八年。属部总督及其属官，皆由总统选派。行省、属部划为郡县、市镇，分区自治，各不相统。郡县谓之康地，又曰昔地，犹言邑也，户口恒在二万以上。康地之长曰美尔，职如古郡守，犹省之有总督也，举自民间，综司一康地之事，年俸自数千元以至一万五千元，任二年，举法略如总督。市镇谓之陶，犹言聚也，户口恒在二万以下。陶之长曰苏泊外色，总理一陶之事，职如古邑令，而隶于总督，犹康地、昔地之有美尔也。昔地大小、贫富、繁简不一，治事官无定员，亦有立法、行法、司法三项。兹特举纽约以为例。查纽约昔地户口三百四十馀

纽约市政职官

万，地三百零八英方里，划分五区。区举一长，为本区之代表，佐美尔治事，年俸自三千元以至五千元，由民间公举，任二年。度支局总办一人，二等帮办一人，稽核度支官一人，地税官一人，各区帮办数人，本昔地受饷官兼街市长一人，支应官一人，收发存放钱银官一人。工务局总办一人，书记一人，街道委员一人，沟渠委员一人，桥梁委员一人，自来水电气煤气委员一人，清道委员一人，管

28,7,26

理各种公廨委员一人。巡警局总办一人，帮办数人，稽察官数人，分局巡警长数人，分段巡警官数人。参谋律法局总律师一人，帮办一人，委员数人，廾辟街衢委员一人。火政局总办一人，分局总办一人，火政长一人，火政副一人，救火队长二人，书记一人。卫生局总办一人，会办二人，书记一人。公家苑囿局总理兼总办一人，分局总办二人，书记一人。建造局总理兼总办一人，书记一人，分局总办二人。地税兼估地税局总理一人，分局总办三人。善举局总理兼总办一人，帮办一人，分局总办一人。改过局总办一人，帮办二人。船坞码头局总理一人，总办二人，书记一人。经理遗产局总办一人，帮办一人，书记一人。学务局总理一人，书记二人，监督一人，分局总理三人，书记一人，管库一人，又学务会参与学务绅士若干人。豫算估用局系美尔、议会长、度支局总办、地税局总办、参谋律法局总律师兼任，书记一人。昔地档案局正司理一人，副司理一人。本省派驻税酒局委员三人。检疫局委员三人，检疫医官一人，书记一人。引港局委员五人，书记一人。港务局总理一人，委员九人，书记一人。陶地居民亦设会堂，每年聚会一次，议举理事之官，议定应行之事。其议员亦由众推举。其治事司事官一人，专司案牍及一切议事举官之事。巡警官一人，专司缚犯、诘奸、捕盗、狱囚、弹压之事。稽查人命官一人，专司死丧及横死、瘐死之事。司库官一人，专司收支、租税及代本省政府征收租税之事。稽核库务官一人，专稽核司库收支之

陶地居民亦设会堂

事。恤贫官一人，专司善举之事。审讯官一人，以律师出身为之，专司审讯狱讼之事，而隶于省察院。学务官一人，司公私学塾、民间读书之事。以上各官，或兼摄，或专任，或久或暂，无定格。余向闻此种郡县、市镇自治之法，实为美国内政第一关键，亦为内治最良办法。盖地小易举，人亲易合，事简易行，法令易周，奸宄易戢。一郡县、市镇治，则一省治；一省治，则一国治。其法始于日耳曼，盛于英吉利。美国自主后，益求完密，蔚成大国。总统垂拱，百僚靖共，朝无不职之官，国无不举之事，由此道也。

自治之法为美内政第一关键

二十七日　舟行太平洋，夜有风，雾甚，轮舟频放气筒，和啰之声达旦。考美国将以甲辰年三月在散鲁伊斯城开设博览会，驻京美使康格敦请中国派监督赴会考察，并选派工商，兼赢比赛。余在纽约接外务部电，嘱于暇时便赴该处游览，惜以匆促，未及前往。又闻日本将以癸卯三月在大阪开设博览会。盖赛会一事，实为各国商务最要关键。其时瑰货山积，彼此夸多斗靡，而工商游览其间，何物畅引，何物滞销，一一由于目击，则相观而善之念，必能油然自生。故其国家不惜津贴巨赀，使商人挟货赴他国赛会，诚以事虽细微，而收效最为捷速。且查各国本无出口货税，而每当赛会之期，其进口货物并不收税，如为赛会载往人货川资、运费，亦皆减价。今两国赛会之期，日先美后，而日本近在咫尺，诚能使中国富商齎载货物，选带工匠，明年前往日本试行赛售，并体验各货引销利钝之

博览会

赛会为商务最要关键

参与日美赛会益处

28,7,27

故，考察各国货物体质、式样、雕绘之宜，回国仿造，窳者必求其良，良者益求其精，商出其资，工效其技，越岁再赴美国赛售，其得利者固足动人欣羡，播为美谈，而失利者亦可废然自思，择善而从，有益商务，断非浅鲜。至于办理之法，应由商务大臣及各直省督抚出示晓谕，并选派公正明允、有志济时之官绅，认真劝导富商、良匠赶造备赛。其大者如江、浙、豫、蜀之丝绸，北京、江、浙、湘、粤之顾绣，南省之竹木、铜、锡各器，江西景德、广东石湾之磁器，宜兴之陶器，蜀之鲁漆，闽之沉漆，扬州之漆器，广东雕刻牙角、玳瑁之属，其小者无论竹头、木屑、羽毛、齿革、珍宝、玩物之类，皆不妨略备一二，然必须工商偕行，详细考验，乃能兼图后效。所有专为赛会载运出口之货，应仿各国通例，免其收税。明岁试办之始，并由招商局派船遣送，免收川资、运费。如有商本不足者，由官借垫；如有折阅太巨者，由官津贴。其制造精美为外人所叹赏不胫而走者，给与牌匾，旌其门闾。统计国家所费，少不过数十万金，多不过百馀万金，以十八行省之大，分而任之，何虞不给，而将来商务日有起色，所获奚止倍蓰。果能办有成效，阅一二年，即在吴淞拟建通商场之处，设立会场，通照各国遣商来华赛会，仿照外洋成法妥为经理、保护，显以拯商民之困，隐以裕税饷之源，塞漏卮，开风气，实闾阎命脉所关，箴膏起废之良药也。知关心民瘼者，必不以斯言为河汉矣。

办理日美赛会之法

二十八日　早起，舟平，至阅报房。适值英国香港总督，款谭良久。港督深惜两广总督陶模乞退，颇以中国人才消乏为忧。复告余以欧洲各国智力相角，一旦有事，强凌弱，众暴寡，若火之燎于原，不可向迩，十年之后，欧洲一隅将不过仅存三国，鼎足而立，盖蚕食之祸，必至于斯。余因思从前德相俾思麦有言："五十年后，环球列邦能自存者，殆无几国。"亦即此意。盖尝上而溯之，亚洲自汉、魏以后，欧洲自罗马以来，其间递兴递嬗，倏盛倏衰，未尝消息，矧方今世变之亟，有如疾风之扫箨，良骥之绝尘而奔，运会所极，将至于不可思议。是惟豪杰之士，稔知此中之消息，兢兢焉彻彼桑土，绸缪牖户，乃能自完于其际。昔者黄帝处太古无为之世，其言曰"日中必彗，操刀必割"，见幾之不可失也；孟氏子处战国纵横之世，其言曰"及是时，明其政刑"，见时之不容须臾缓也。兴念及此，能无懮然？午后，天骤热。见西人男女环坐阅报，因忆及在巴黎时，观游也鲁铁塔，其中司升梯之西侍，自上下下不过数秒钟，犹且流览报章，不自暇逸。盖西国教人，专以惜时为宗旨，其言曰："凡士农工商，除礼拜休暇日外，不可虚度时日。若荒弃一分一秒钟之时刻，即损失无限若干之赀财。"推究其意，与昔贤惜分阴之说正复相符，而其以时刻为生财之根本，尤为精核无伦。可见泰西各国所以驯至于富盛者，自有道也。晚间，同舟西人比赛讴歈，盖为醵赀济贫计。余偕参议梁诚及诸参赞等往同听之，子刻息。

世界竞争

西人惜时

28,7,29

英轺日记卷十二

七月二十九日　舟抵日本横滨，出使大臣蔡钧遣参赞官铨林等至轮舟来接。日本宫内外事课次长及外事课员、神奈川县知事、横滨市长，均到码头迎接。余命参赞陶大均分别酬答。宫内省豫备马车，即登岸至横滨行宫。出使大臣蔡钧先已祗候，跪请圣安。礼毕，小憩。午初刻，乘特等火车赴东京，午正抵京。宫内次官及外务总务长官、东京府知事、警视总监宪兵司令官、东京市长等，均到新桥车站迎接。宫内省备有马车，次长陪坐，径赴上野行宫，地名精养轩，浏滥萧曼，境极幽雅。旁有池，名不忍池，残荷半沼，秋虫唧唧，至此殊动故乡之思。午后，发外务部电一件，报抵东京日期，并饬参赞官陶大均与宫内次官订定明日午刻觐见日皇。案：日本国国体，为万世一系统治之国，其皇位依《皇室典范》之所定皇男子孙继承之。日皇为国之元首，总揽统治权，依宪法之条规而行

抵日本横滨

抵东京

日本国体

之。帝国议会之开闭，法律之裁可、公布、执行，条约之缔结，宣战，议和，陆、海军之统率，大赦、特减刑复权之命令，皆属于日皇。大权之下，臣民享有宪法所定之权利、义务，奉戴皇室，分为华族、士族、平民三阶。华族分公、侯、伯、子、男爵五等。今明治日皇为神武日皇之百二十一世孙，名睦仁，孝明日皇之第二皇子，嘉永五年九月二十二日生，庆应三年正月九日践祚，翌明治元年八月行即位礼。皇后名美子，从一位公爵一条忠香之第三女，嘉永三年四月十七日生，明治元年十二月二十八日敕为皇后。皇太子名嘉仁，明治十二年八月三十一日生，明治二十二年十一月立为太子。皇太子妃名节子，从一位大勋位公爵九条道孝之第四女，明治十七年六月十五日生，明治三十三年敕为太子妃，翌三十四年皇孙裕仁生，三十五年皇次孙雍仁生。皇女四，皇族凡十家。所有帝室一切之事务，宫内大臣总理之。宫内大臣有统率所部各官、监督华族之责，又得于皇室典范制定之外，奉敕制定、施行于帝室之诸法规，惟不可抵触法律、敕令之范围。宫内省分内事、外事、调查三课，侍从、式部、皇后宫、东宫、大膳五职，内藏、主殿、图书、内匠、主马、诸陵六寮，御料、爵位、侍医、主猎、调度、帝室会计审查、文事秘书七局。又有御歌所。他若帝国博物馆、学习院、华族女学校，亦附属于该省云。

明治日皇

宫内省

八月初一日　午刻，日本宫内省式部官至行宫，导引余率同参随、翻译各员进宫觐见日皇。至则宫内官导余

觐见日皇

28,8,1

入，外部大臣等各立殿外。余入殿门，行三鞠躬礼，敬致皇太后、皇上德意，以中、日地处同洲，亲逾唇齿，惟冀此后邦交益加敦睦，共维东方大局，庶几永享太平，命参赞官陶大均译述。日皇答礼，敬颂皇太后、皇上圣安，旋即握手，慰问再四，词意殷勤。礼毕，赴宫内大宴。日皇率宫内省、外部大臣等均陪坐，款谈一切，宾主尽欢。宴毕少憩，余遂导见各参随、翻译等，日皇逐一握手询问，各参随等亦应对如仪。申正，回行宫。考日本地理面积，日本国合本州及四国、九州、北海道、千岛、佐渡隐岐、淡路壹岐、对马、琉球、小笠原岛、台湾、澎湖岛而成①，极东至东经百五十六度三十二分，极西至同百十九度二十分，极南至北纬二十一度四十五分，极北至同五十五度五十六分。全国分五畿、八道。五畿即畿内、山城、大和、和泉、摄津五国。八道即东海道，为伊贺、伊势、志摩、尾张、三河、远江、骏河、甲斐、伊豆、相模、武藏、安房、上总、下总、常陆十五国；东山道，为近江、美浓、飞驒、信浓、上野、下野、岩代、磐城、陆奥、羽前、羽后十三国；北陆道，为若狭、越前、加贺、能登、越中、越后、佐渡七国；山阳道，为播磨、美作、备前、备中、备后、安艺、周防、长门八国；山阴道，为丹波、丹后、但马、因幡、伯耆、出云、石见、隐岐八国；南海道，为纪伊、淡路、河波、赞岐、伊豫、土佐六国；

日本地理概况

日本行政区划

“十三”当为“十一”

① 按，当时台湾、澎湖岛被清政府割让给日本，载振竟视之为日本国土，显然不当。

西海道，为筑前、筑后、丰前、丰后、肥前、肥后、日向、大隅、萨摩、壹歧、对马十一国；北海道，为渡岛、后志、石狩、天盐、北见、胆振、日高、十胜、钏路、根室、千岛十一国。但琉球、台湾不在此列。更依行政之便，分全国为三府、四十一县。三府即东京府、京都府、大阪府。四十一县即神奈川县、兵库县、长崎县、新泻县、千叶县、茨城县、群马县、栃木县、奈良县、三重县、静冈县、山梨县、滋贺县、歧阜县、长野县、宫城县、福岛县、岩手县、青森县、山形县、秋田县、福井县、石川县、富山县、鸟取县、岛根县、冈山县、广岛县、山口县、和歌山县、德岛县、香川县、爱媛县、高知县、福冈县、大分县、佐贺县、熊本县、宫崎县、鹿儿岛县、冲绳县。别于北海道置道厅，台湾置台北、台中、台南三县。计近今户口，全国户数八百十七万五千二百户，人口男二千二百七万二千六百五人，女二千百六十八万八千百四十九人，合计四千三百七十六万七百五十四人。人口之生当百分之三零一九，死当百分之一零一九之比例。

三府四十一县

人口

初二日　早，日皇特派侍从长赴行宫答拜。巳初，率同参议及各参赞等往观炮兵厂，地极宏敞，坚重畍分。午刻，赴后乐园小松宫亲王之约。小松王前在欧洲时曾见过数次，至此欢聚，益臻亲密。园中松桧盘郁，石径逶迤，尤擅奇胜。余询小松亲王，知是园为水户藩源光所建，其规模皆明遗老朱舜水所布置。朱浙之馀姚人，有明末造，流寓日本，遁迹不出，寄居是园，构得仁堂，并刻伯夷、

朱舜水

28,8,2

叔齐遗像，以写其志，洵忠臣也。余作诗吊之，录入《英轺杂咏》中。申刻，往观气象台，测风雨阴晴之属，璇玑藟敷，不爽累黍。出，宫内官复导观日人搏斗击剑，轵深井里之徒，锐气骄容，风云叱咤，想见任侠之概。戌正，赴蔡星使夜宴，子刻归。案：日本立国，首重宪法。宪法之外，有曰私法、曰公法、曰国际法。私法者，定人民与人民之关系，从而保护制限之者也。公法者，定政府与人民之关系，从而保护制限之者也。国际法者，定国与国之关系，从而保护制限之者也。宪法于三者之中属乎公法，要其宗旨，则定主权之所在，定人民之权利、义务，定主权之关系及权限。盖一国之大本大法，于是乎立。主权之要有四：一曰独立不羁，二曰完全无缺，三曰至尊无上，四曰独一无二。独立不羁者何？言其不听命外国之权，亦不听命于国中各部之权也。若外制于公法，内阻于行政各部及议会之议论，此则揆诸理势之当然，于主权之独立无损也。完全无缺者何？凡合一而不分者，谓之全。昔人称高等法院为有主权法院，其说非也。盖高等职官若有主权，则国家不止一主权，岂所以立国？故主权曰完全无缺。至尊无上者何？盖主权为国家至高之权，位乎一切之上，无有可驾而凌之者也。独一无二者何？即古人所谓"天无二日，民无二王"之义也。昔有理学家霍布士之说曰："有生之人，各系平等。故古之人皆互相宰治，以全其天。迨后人数日增，习俗渐移，于是互相宰治之道废，遂至人人皆欲扩张其权利。因扩张而相争，因相争而强者

气象台

日本立国首重宪法

主权四要点

胜，弱者败，驯至强者愈强，弱者愈弱，举天下之弱者，悉听命于一强，此必然之势也。故尽一国之政而一人专之，以控众弱，于国家大有裨益。盖主权之关系如此其重。”据此可见平等之说，原系亹闻罕漫之词。宪法者，乃执一御万之要道，实裁判等差之根源。故必先辟平等之说，而后可与言宪法。

先辟平等之说而后言宪法

初三日 午初，设宴于行宫，遍请梨本亲王、华顶亲王、小松亲王，及宫内省、外务省各大臣，酬酢欢洽。未初席散，赴芝离宫观击球。其法：以空洞为鹄，左右悬红白球各十枚，比赛者红、白各四人，挟球驰马往投，红者中则击鼓，白者中则鸣钲。红、白各自护其耦，两家中至八九枚时，彼此益相厄。譬红者进，则白者中道阻击之，使不得投。鞁霅惊捷，极缤纷之观。胜负以中十枚为率。一家胜，则负者之曹咸下马，芒然气阻而退云。晚赴红叶馆夜宴，主人为梨本、华顶、小松三亲王，畅饮剧谈。余特赋诗志谢，录入《英轺杂咏》中。子初归。案：宪法自由之说，指民人应得应守之权利、义务而言，然非谓民人可以上侵主权也。盖天下有无国之民，无无民之国。民为邦本，故视民宜贵。我中国经传中，固已详言之矣。兹考各国宪法所论国民应得之权利，约有数端：一曰言论。谓自言其所欲言，于风俗有议论，于学问有议论，于交际及一切事物皆有议论，公是公非，国家不为之制限。一曰迁徙。凡人民之去他国、适此邦者，国家不为之禁制，不因而课税。一曰信从。是非好恶，存乎人心。人心之所

观击球

自由之说

国民权利

28,8,3

好，不必强之使违；人心之所恶，不必强之使从。一曰产业。家宅可以自主。人有产业，听其自守之，自殖之，自聚之，国家不为顾问。人有家宅，宪法不许闲人滥入，不许强为予夺。一曰赴诉、鸣愿。凡有害己者，诉于国家，以求保护，谓之赴诉；有利己者，请于国家，以求援助，谓之鸣愿。官吏于其赴诉、鸣愿，当据理以为判断。是曰权利。至论人民应守之义务，厥有二端：一曰赋税。取一国之财，办一国之事，政治之公理也。凡建国立政府，其政事、军事之费用，文武百官之禄食，皆仰给于财政。故通国之民，皆当尽力以供赋税。赋税有四大要：一、应比例其资力之多寡，以定所收多寡之率；二、应设一定之法，以示完纳赋税之人；三、赋税之时与如何完纳之法，应择其最便于民者行之；四、收税之际，应极意节省冗费，使民之所出与国之所入，其差率不甚相远。此宪法所定赋税之大端也。二曰服兵。生人各有自卫之理，乃天职也。能执干戈以卫社稷，古史所重。故立宪各国，皆以服兵为民之义务。而德国所定服役义务与军法裁判等，尤为精严。其宪法第三十七条载：军法裁判，以刑事为限，亦以法律规定之军律，依勒令之所定。此宪法所定服兵之大端也。是曰义务。然则宪法自由之说，盖所谓尽其性分之所固有、职分之所当为，实则权利、义务皆有制度判决。浅言之，可谓之自由；深言之，则断无自由之一时与自由之一事。若夫横决恣肆，则适与宪法相悖，岂所谓自由者？故必辟自由之说，而后可与言宪法。

国民义务

初四日　是日中国学生五百馀人，为欢迎会于会馆，请余一往临存。余于午初刻率同参议、参赞各员赴会馆，使馆参赞铨林、翻译冯国勋咸在。会馆为学生总长暂租，在神田区骏河台铃木町十九番地，房屋甚窄迫。余下车，诸生咸排班晋谒，彬彬有礼。余因近时学派歧杂，异说朋兴，爰将为学大旨，为诸生勉励数言。其说如下云：“诸生从数千里外，负笈远游，讲求各种学术，我甚嘉慰欣感。盖诸生所以东来就学不惮艰苦者，一念之诚，总为爱国。凡人生天地间，畴不知自爱其国，然吾观诸生爱国之念，更比别人亲切一层。何言之？盖我中国所以到此贫弱地位，总由不知学问。诸生能讲求学问，岂不是爱国最亲切之人？故我愿将为学大旨，为诸生演说。世界之变迁，到今日而极。凡中国从前所谓训故、词章各种旧学，皆无所用于世。然诸生要知，我中国旧学原不是无用，所以见得无用者，只为从前世界未曾繁赜到今日地位。我此次新从欧洲来，略考其政治、法律、工艺、商务、格致各种学问大概，始知西洋各国学问宗旨，总不出‘知己知人、殚精求胜’八字。然要立此八字之根基，实不外我中国圣人所谓‘求己’两字。然此‘求己’两字，不独我中国圣经贤传曾经详言，即就现今世界上各教门宗旨而论：佛氏所谓治心去净尘垢，即是求己；耶稣谓起一念即作事之基，即是求己；回教所谓坚忍果毅，亦即是求己。天下未有不求己而能治人之人。孔子言：‘不患莫己知，求为可知也。’若能求为可知，学问到极精极专地步，自有人

中国留学生会馆演说

爱国

求己

28,8,4

知之一日。方今时事艰难，凡急于求治之人，动说借才异地，可为痛心。吾辈学问何以不精不专，至于国家万不得已借才异地？试思借才异地，岂能持久？韩文公言：‘业患不能成，无患有司之不明。’诸生，诸生！要知我今日演说，即是他日定有人知之根基。孟子曰‘尚志’，凡人立志，要以远大为主，务为挽回气数之人，不要为随气数转移之人。我中国史书不必言，试考外国各史书，凡能办大事、建大功业者，何一非志趣闳远，始终条理？若居心有一毫愤激，办事即不能有条理。所以今日为学，总要期于远大，不要空存愤激之心。纵横数万里，上下几千年，能成一开气化、尽美尽善第一等人，此方是求己真正学问。我不若人，固是可耻；知不若人而不知求己，亦是可耻。然知求己而立志不远大，尤为可耻。我见诸生苦志向学，此一念便是爱国，我甚感激。我能知诸生一片爱国之苦衷，可见我皇太后、皇上实洞鉴诸生一片爱国之苦衷。然则诸生现在此力学，一味求己，已有人知，将来学问成就，国家断然大用。诸生爱国，国家爱才，上下情通，便可造成一尽美尽善开化世界。往事不必论，切切实实望前做去。我自己无才无学，愧对诸生，然所望于诸生者，言尽于此。谓予不信，证诸异日。诸生，诸生，千万勉励！”演说毕，诸生恭诵答词。余复略与周旋，遂归寓。申正，赴上野劝工厂一游。晚，吴京卿汝纶来见。吴安徽桐城人，历佐曾文正、李文忠幕，淡于仕进，工为古文辞，承其乡先贤方、姚二先生之师法，而不事墨守，洵东

尚志

见吴汝纶

南之耆儒也。余以古文一道，在今日几成空谷足音，缀学之士，诚知殚精于此，何患不因文以见道。今见吴君，殊可喜，因留之饭，畅谭数时而别。

初五日 巳初刻，往观武备学堂。午正归寓，设宴请宫内省、外部在行宫照料诸君。未初席散，往观赤十字社。社长小松宫王妃导观病院，各处精洁周详，无微不至，深可忻佩。案：十字社肇自西历一千八百五十三年，俄国邱里吗也之战，有英女士名那伊听牙儿，发慈善博爱之心，率部下之女，身踏战地，亲为救护。当时尚未能感动世人，迨西历一千八百五十九年，有义国骚尔弗里诺之战，义、奥、法三国数十万军连战数日夜，交锋原野，死伤无算。是时瑞国人有名阿里里柔南，亲入战地，目睹伤病者困苦之状，即著一书布告以激发世人博爱之念。于是瑞国有名毛阿尼曳，创设一社，议定伤病之救护方案，乃现今泰西诸国所有赤十字社之嚆矢也。后至西历一千八百六十三年，同志之士遂开万国会议，议订救护之法，曰：凡在战时救护伤病者，与其专自任劳，不如众力合一之便且大也。众议一决，诸国竞兴，此社遂使列国政府声明军队卫生者实系中立，无关战斗，爰订万国公约，即赤十字社条约也。条约云："凡战地伤者、病者及救护之人，并其房屋、什具，无论是否敌国，彼此一视同仁，均不能加兵侵害，俾可尽其救护之美。"所以赤十字社之约，能互守不渝。而其赤十字以为万国共用为标识者，盖由瑞国始创救护会之故。按瑞国旗号赤地画白十字形，万国遂议转

赤十字社（红十字会）发展简史

赤十字社条约

28,8,5

白地画赤十字为社之旗号。后毛氏以其社主旨扩告万国，自称万国中央社，以斡旋各国赤十字社之交通，而各国亦募集博爱慈善之士为社员大修，豫备社资数百万以应临事。至日本救护战阵伤患之事，启自明治十年西南扰乱之时，创痍无算，是时三条、岩仓两公为主，劝奖宗族诸亲，佐野、大给两议官赞同，进创立一社，谓之博爱社。其后日皇诏书褒勉，复有有栖川宫亲王、小松宫亲王及各职员、议员竭力赞成。明治十九年，遂有寻盟西国赤十字社之事，改称日本赤十字社，得与瑞国日内瓦万国赤十字中央社交通。小松宫亲王总裁社务，改撰职员、议员。又有桥本军医监尽心设法，讲究看护、救疗之道，开赤十字社病院。又有栖川宫王妃、小松宫王妃襄赞，另开笃志妇人看护会，以赤十字社主旨广布天下。兹考其社则共十九条：一、本社主见名称及本部所在；二、由日皇、皇后保护；三、日内瓦条约；四、平时及战时事业；五、社员；六、总裁；七、监督；八、职员；九、地方委员及支部；十、常议会；十一、总会；十二、资金；十三、物件；十四、寄捐；十五、褒赏；十六、战时常议会及派出战地理事员；十七、年报；十八、记章；十九、更正社则。此外别有附言，缕析条分，极为美备精详。余惟战阵之间，不重伤，不禽二毛，著于传记，实即古时之公法。中国诚能仿设此社，未始非仁民济物之大端也。复询是社经费，由捐赀集腋而成，余特捐洋五百元以赞助之。观毕归。戌初，赴外务省大臣小村寿太郎之约，同座以外部官为多。

日本赤十字社

中国应仿设此社

酒半，小村举觞致颂，情词恳挚，余敬谨答词，小村亦欣纳。席散后，复入别室畅谭，子正始归行宫。

初六日 早，日皇遣宫内官送余桐花大绶宝星，并参随、翻译等各宝星外，另赠参赞陶大均磁瓶一对。盖陶于去年已得四等宝星，以差使等级论，无可再加，故另颁珍物，亦各国之通例也。爰发外务部电一件，请代奏明。巳初，留学生良弼来见。良系宗室，英迈有志，决为异日大用材。巳正，赴大学堂，观医科剖治学、人类学、地震学。其壁间表识云：“中国测地动机器，始见于《后汉·张衡传》。”余按：“汉阳嘉元年，张衡造候风地动仪，圆径八尺，形如酒尊，外有八龙，首衔铜丸，下有蟾蜍，张口承之。地动，尊则振龙，机发吐丸，蟾蜍衔之，振声激扬，伺者因此觉知。乃叹考据之学，外人亦未尝不精也，惜以悤促，未及遍观。午刻，赴文部大臣之宴，在植物院，地极幽秀，揽山水之胜，小亭著花，菲菲郁郁。饭毕，复延赏数刻。出，观盲哑院。院长导余入，学生列坐，盲者以机写字作颂词，略谓：“中国汉、唐以来，文学之支与流裔被及日本，因得稍稍窥知学问径涂，弥为感戴。洎于今兹，泰西学派东来，学生辈得借西人之机器以为目，并借西人之机器以为口，深望中国亦仿建盲哑院，俾残废之士亦能向学，通知古今，不胜大愿。”余奖励之，特书“弥纶造化”四字匾额以赠院长，并捐助银四百元。出，宫内官陪余往听古乐、观舞。设台如中国，制乐器瑟、笙、箫、鼓、琵琶五事，节亦按板，其声希，渊

良弼来见

地动仪

参观盲哑院

日本古乐舞

28,8,6

静有致。甫听乐一阕，宫内官告余曰："此《更衣乐》也。乃日本上古风俗称《催马乐》，为歌讴之一种。"又听一阕，宫内官告余曰："此《三台盐》也。唐武后所作。帝及皇后、储君居三台，开春宴时奏此曲，故名《三台盐》。"旋观舞一折，宫内官告余曰："此《承和乐》，日本之古乐也。仁明皇承和年间，开菊宴，敕三岛之武藏、大户之清上等作此，故名《承和乐》。"又观一折，宫内官告余曰："此《还城乐》也。唐玄宗诛韦后，还京师，作此曲，故名《还城乐》。一名《见蛇舞》，说者谓西域之人好食蛇，求而得之，喜而作舞，模其姿样，故名《见蛇舞》云。"余因详询日本制乐源流，宫内官复告余曰："日本乐艺之起，自天钿女命之皇祖天照大神御前歌舞以来，猿女君氏世代掌神乐之事。又神武皇征服中州时，命道臣率引来服部诛八十岛师，用歌谣以奏其绩，称为"来自舞"。此外有《东游大倭舞神乐》、《风俗催马乐》等歌舞，皆日本国风之雅乐也。又允恭皇四十二年正月，新罗王来船八十艘，贡各种乐人、乐器，是他邦乐部入日本之始。后经百有馀年，钦明皇之十五年二月，百济王奉皇命，贡乐人施德、三金等四人。推古皇之二十年，百济国味摩子来朝，传中国之伎乐。尔后高丽、任那、汉、唐诸国之乐，相次东来。文武皇之大宝年间，于治部省设雅乐寮，设唐乐师、高丽乐师、百济乐师、新罗乐师等职员，各从事于其律。大宝二年正月，文武皇宴于西阁，奏《五常乐》《太平乐》，载于史册。圣武皇时，

日本制乐源流

他邦乐部入日之始

天竺林邑国之僧佛哲师等来归化，传乐舞八曲，于今尚存。仁明皇时及承和年间，遣伶人尾张滨主、大户清上赴唐博习乐章。又承和五年，遣使藤原贞敏至唐，就琵琶博士廉承武于扬州开元寺北水馆学琵琶，携乐谱归朝。承和十二年，唐之非阳县人孙宾，携筝与乐谱来日本。当是时，乐人多奉敕制乐舞，洋洋盈耳。于是唐乐、高丽乐与日本国风之歌舞，俱为朝廷之祭式礼典不可缺。千有馀年迄于今，从事乐官世袭其业，隶属于帝室，是以累叶弗替焉。”余因命参赞陶大均详录之，用资考证。晚归行宫，设宴请柴五郎诸君。子正息。

日本银行

初七日　早往观银行。日本银行创于明治十六年，其资本金一千万元，谓之中央银行，设于东京。各府县首邑各设分行，与他处各银行亦得汇通。余先至交换所。该处犹北京之银市，为商家总汇之所，每日各银行遣人至交换所，核算行使钞币若干，即便登记。以故各商家款项出入、盈虚，官银行无不周知，洵理财之第一关键也。旋至银行，房屋闳敞。银行总裁、副总裁迎于门，偕入，谭财政大概。余询以日本钞币始何时，答曰：“始于明治七年。至二十三年，民间钞票始概行停止。”询以彼时禁止民间钞票有无阻碍，答曰：“无阻碍。缘以商家亏损息款，概作为国家借款也。惟此事经理务在得人，偶一不慎，商政从此颠倒错迕，流弊无穷。”复询以国家豫算之法，傥核计来年所入不敷所出，不敷之款若何弥补，答曰：“此难预定，或借国债，或借洋款，出股票，均临时

民间钞票

28,8,7

酌办。”复询以商家存款当提款时，系商家任便支取，系由银行核定，答曰：“须由银行核定。”因出示五色表一纸，上列银行存本为一格，商家存款为一格，民间存款为一格，又与各洋商往来出入款为一格。阅毕，总裁导游其稽察银币所，并阅库藏。库穴地为室，重门复槛，用机一开，电灯倏尔照耀。库门外均有小铁道，款项收发悉循此轨，金银存数俱有表识。曲折行约百武，出后门，外环重墙，守藏者告云：“此贮自来水，所以防火灾也。”又东行数武，登楼，为核计国债所、销算纸币处、管护民间存款所、各国金银式样及各国银行章程。又观其商民承领息金处，则男、女、稚子均在彼候领。又观其议事厅。游览既毕，余因喟然思程明道先生作宰，于民间一名一物，无不周知。今立银行，则不特国家出入之数瞭若指掌，即商家贸易之盈亏、闾阎家计之多寡，亦靡不立见。国家举办一事，能合众人之力以为力，血脉流通，生机讵有不畅遂者耶？出，往游刷印局。局长先导游印报处，有官报数种，略如北京邸钞。次游印票处，则邮票、印花总荟于是。又游活版处、刷版处、调纸处。活版处排字，大小千百，顷刻可成。刷版处印字，诸色药水俱备。局长试验化学染水之法，先置黄色水于瓶，搀以药水少许，成红色，又搀少许，成青色，再搀少许，成黄色。盖其变化之质，视药水分量之轻重以为转移。水银之成红质，即是理也。至其印报之法，尤为便捷。机长十数丈，此端置纸，旋至彼端，反正均已印全，折叠亦无不如法，可谓精妙。其各

银行库房

游刷印局

印报之法尤为便捷

处所用女工，俱立而不坐，每司一事，壹志专心，目不邪视，尤为可敬。游毕，局长请观演水龙，以时匆促辞之，归行宫。饭后，赴横滨正金银行之约，并横滨领事暨众华商之约，子正始回东京。竟日酬应，盖倦甚矣。

初八日　巳初，由上野坐火车赴日光，华顶博恭王、梨本守正王，及各大臣、宫内各官，咸至车站来送。午正，至宇都宫换车，地方知事迎于车站。申初，至日光，即至德川将军家庙一游。庙极华美，盖德川氏二代初执政权极重时也。其墓即在庙后山上，高三百馀级，贾勇登观。晚宿于金谷洋式客寓，临溪面山，泉声盈耳，心神为之一旷焉。考日本政治，以国务各大臣组织内阁。内阁总理大臣班在各大臣之首，奏宣机务，承旨以统一行政各部，开阁议以决重要事项。内阁各大臣，曰内阁总理大臣，曰内务大臣，曰外务大臣，曰大藏大臣，曰陆军大臣，曰海军大臣，曰司法大臣，曰文部大臣，曰农商务大臣，曰递信大臣。内阁中置书记官长，承总理大臣之命，以管学机密文书，统理庶务。赏勋局、法制局、恩给局、统计局、印刷局五局，均隶于内阁。又有枢密院，日皇亲临以谘询重要国务之所也，以议长一人、副议长一人、顾问官二十五人、书记官长一人、书记官三人组织之。帝国议会，合贵族院、众议院两院而成。贵族院议员有五种：一皇族；二公、侯爵；三伯、子、男爵，各自其同爵中选举之；四有勋劳于国家者，又有学识者，特敕任之；五于各府县之纳多额直接国税者之中，互选一人而敕任之。皇

德川家庙

日本政治结构

内阁

枢密院

贵族院

28,8,8

族之男子成年，方列议席。有爵者满二十五岁，乃得为议员。贵族院奉答日皇之谘询，又议决华族特权之条规，其他依议院法之条规，开会议之。议长、副议长由议员中敕任之，任期七年。至众议院议员，则于各选举区中选举之。帝国臣民男子年龄满三十岁以上者，有被选举权。其有选举权者凡三：一、帝国臣民男子年满二十五以上；二、于造选举人名簿之期前，满一年以上、纳地租十元以上；又满二年以上、纳地租以外之直接国税十元以上，或地租及其他之直接国税合计十元以上犹续纳者。议员之数，据众议院议员选举法：东京府十六人、京都府八人、大阪府十三人、神奈川县七人、兵库县十四人、长崎县八人、新泻县十四人、群马县七人、千叶县十人、茨城县十人、枥木县七人、奈良县五人、三重县八人、静冈县十人、山黎县五人、滋贺县六人、歧阜县八人、长野县十人、宫城县七人、福岛县八人、岩手县六人、青森县五人、山形县八人、秋田县六人、福井县五人、石川县六人、富山县七人、鸟取县三人、岛根县七人、冈山县九人、广岛县十一人、山口县八人、和歌山县六人、德岛县六人、香川县六人、爱媛县八人、高知县六人、福冈县十一人、大分县六人、佐贺县六人、熊本县九人、宫崎县四人、鹿儿岛县九人、北海道厅六人、冲绳县二人，计三百六十九人。

众议院

议员之数

初九日　早坐小车游日光山。自客寓缘山涧行，瀑布滮滮声不绝。过大桥，隔涧有石佛数十森立。行数里许，

游日光山

有村市，田畴植菜蔬，鸡犬闲闲。又行数里，已至山中，仰视高峰，云气蓊薆，上与霄接。两旁树木阴森，一片秋声，与瀑声相和。自是路稍滑澾，又行数里，至马返，小池渟淡，居民植菊数本，风景猗幽。自马返行，山径盘纡，车夫伛偻蚁旋上，瀑布洒漫，时从石隙迸溅。延属九层，行数里许，为剑峰。又盘迤六层，行数里许，为华岩。爰观大瀑布，宽约二丈许，长七十丈许，烟云缭绕其间，奔腾淜湃，汹旭如雷鸣。日人有“华岩瀑布歌”，刻碑上。迤逦行至中禅寺，登临湖楼。湖长十八里，居山之巅，盖系山穴深瀑成河，深亦数十丈。居民垂钓，意闲如也。楼上饭罢，泛小舟，舟人网鱼以献，余赋诗纪游。戌初，归寓，市长放烟火以致敬。案：日本财政租税分二种，由国家直接征收者为国税，由地方自治体征收者为地方税。又别有市费、町村费，由市及町村支办经费。国税以支国家公用，地方税以办地方事宜。国税科目中税额最巨者，地税约四千七百万元，酒税最多时约五千五百万元，次则海关税一千六百万元，营业税五百八十万元，所得税五百万元，共收国税一亿九千四百万元。此外收官业邮便、电信约一千八百万元，烟叶专卖税约一千万元，总计二亿五千五百万元。若夫国家岁出之数，与岁入之数无大差别。查明治三十三年支出各费，计皇室费三百万元，外务省二百十八万元，内务省一千三百五十三万元，大藏省四千九百七十一万元，陆军省三千七百三十万元，海军省一千七百五十一万元，司法省四百八十八万元，文部省

国税地税

支出各费

28,8,9

四百四十七万元，农商务省二百二十八万元，递信省一千七百五十万元，各省经常岁出费共一亿五千二百四十万元，临时加增费一亿零二百十四万元，两共二亿五千四百五十四万元。至地方税之赋课，分四种：一曰地税，二曰户数税，三曰营业税，四曰杂项税。各府县收入税项即支办府县诸费，如警察费、教育费、土木费、卫生费是也。三府四十二县之地方税，约共四千六百万元，支款约四千万元。大藏省官理财之法，总以岁计豫算为大要，比较经常、临时出入增减之数，羡者储之，亏者益之，无差忒也。 地方税

初十日　乘火车回东京，仍住上野精养轩。蔡星使请晚餐，因惫甚辞之。案：日本货币，当维新以前，各藩财政不同，通货之制亦异。德川政府发行现款，谓之硬货，凡三种：一金货，二银货，三铜铁。诸钱硬货之外，各藩及旗下各于领地制造楮币，有金札、银札、钱札、米札等目。全国各藩发行，种类甚多，不下千六百馀种。迨庆应四年，新政府知货币之必当改正也，于是革改旧制，取各国之良法，折衷日本之旧例，命铸造新货，旧式方形改为圆形，其价名采用十进一位法，定新货之种类凡三，金货、银货、铜货三品是也。明治三十年前，咸用此制。自三十年十月以后，始改用金货。统计自明治三年至明治三十二年铸造各种货币数目，共四亿三千九百八十万元，内金货一亿八千五百八十六万元，银货二亿三千三百一十七万元，白铜货八百十九万元，铜货一千二百四十一万元。 日本货币 铸币数目

至于纸币，由政府颁发者凡十种：百元、五十元、十元、五元、二元、一元、半元、五十钱、二十钱、十钱。其初创设国立银行，发行纸币，因国用多端，出币日夥。至明治十二年，有一亿四千六百五十万元之数，物价腾贵，硬货与纸币其价悬殊。至明治十七年，设立日本银行，颁发兑换银行券，他行纸币减少。明治三十二年，纸币二百馀万元，银行纸币减少至六十万元，兑换银行券流通有二亿二千七百万元，硬货发行数目四亿三千八百六十万元。故以日本现行纸币与硬货合计，凡六亿六千八百万元。

十一日　卯正，由上野至新桥火车站上火车，小村外部大臣及珍田长官来送。酉正，至滨松宿焉，寓于大米屋，系日本旧式，颇精洁。滨松为静冈县属，知事来见，遂留共饭。考日本军政，凡国民十七岁至四十岁之男子，皆有服兵役之义务。兵役有四，曰常备兵役、后备兵役、补充兵役、国民兵役。常备兵役又分为二，曰现役，曰豫备役。现役者，陆军三年，海军四年，满二十岁者服之。豫备役者，陆军四年四月，海军三年，现役终者服之。常备兵役终者，服后备兵役五年。其军事上之最高顾问为元帅府，以陆海军大将补之。现为元帅者，为陆军大将侯爵山县有朋、陆军大将小松亲王、陆军大将侯爵大山岩。陆军大臣管理军政，统辖军人、军属。又有参谋本部，参谋总长以陆军大将或中将补之，直隶于日皇，参画帷幄之军务，掌国防及用兵一切之计画。又有教育总监部，教育总监以陆军大将或中将补之，统督各兵监，管辖陆军各学

日本军政

元帅府

参谋本部

教育总监部

28,8,12

校。又有东京防御总督部，任东京之防御。又有东部、中部、西部三都督部，任所管之防御，并各师团共同作战之计划。其陆军军人之员数，兹据最近者考之，计将官及相当官百十九人，上长官及士官八千三百四十一人，下士三万四千七十四人，卒二十六万八千七百五十四人，其他四千五百二十人，合计三十一万五千八百八人。 陆军员数

十二日　辰起，滨松制西洋乐器场及音乐学堂生徒携乐器来奏技。巳初即乘火车赴西京，行抵车站，小松亲王并地方各官至车站来接，情意可感。小松亲王有事来此，本拟今日回京，闻余至，特留，并约明日陪游各处。是夕宿京都客寓，甚闳大。此屋成于光绪十七年，因今俄皇为太子时来游而造也。考日本海军之制，海军大臣管理军政，统督军人、军属。又有海军军令部，军令部长直隶于日皇，赞帷幄之机务，参画国防及用兵之事。又有横须贺、吴、佐世保三镇守府，镇守府司令长官直隶于日皇，统率麾下之舰队、舰船、部团体，监督所属各部，总理府务。计现在各军舰所属，横须贺镇守府有朝日、初濑等舰，计二十一艘；吴镇守府有三笠、八岛等舰，计十九艘；佐世保镇守府有敷岛、富士等舰，计十九艘。是外横须贺镇守府有水雷驱逐舰三艘、水雷艇八艘，吴镇守府有水雷驱逐舰二艘、水雷艇五艘，佐世保镇守府有水雷驱逐舰五艘、水雷艇十艘，合计三十三艘，总计吨数四十四百七十七吨。又配置舰团队之人员，通常备舰队、三镇守府舰队、三镇守府海兵团、三镇守府水雷团、竹敷要港部，

抵京都

日本海军

镇守府

军舰数

凡将官六人，上长官二百六十九人，士官五百六十人，候补生百九十三人，准士官三百九十九人，下士三千四百八十七人，卒一万六千七百四十五人，合计二万一千六百六十九人。

海军员数

十三日　午初，回拜小松亲王，往瞻日本旧皇宫，规模甚朴简。有紫宸殿，殿壁绘汉名臣像，云是唐时人手笔。复往游德川将军府第，宏丽过皇居，足见当年威力也。午后，小松亲王来约观武德会。先令生徒演蹈水，能在水面放枪，身藏水底。闻生徒能在水上行五六十里，吁，可畏哉！此他日海军之奇才也。复观生徒舞刀，内有女生徒对舞，年皆十三四，咸名门闺秀。又演习超乘，腾骧绁猎。有六龄童子亦能骑，厌蹑如法，绝不冲踤。是岂异禀，教之得其道耳。小松亲王复导观织绒布场，诸色咸备，主人赠布数匹。晚，小松亲王招饮于中村楼，在山半，风景极佳。

观武德会

日本刑政大略

考日本刑政，司法大臣监督裁判所及检事局，指挥检察事务，管理民事刑事非讼事件、户籍、监狱及出狱人保护事项，暨其他司法行政事务。

裁判所

裁判所有四种：第一区裁判所，第二地方裁判所，第三控诉院，第四大审院。各裁判所置判事，并附置检事局。凡对区裁判所之判决而上告者，地方裁判所裁判之，对地方裁判所之判决而上告者，控诉院裁判之；对控诉院之判决而上告者，大审院裁判之。大审院之裁判为终审。明治三十一年，大审院民事上告件数，旧受二百九十九件，新受四百七十四件，合计七百七十三件。其结果，弃却二百六十一件，破

28,8,13

毁百六件，所下百七件，合计四百七十四件，未决二百九十九件。其结果事件之种类，人事三十九件，土地百四十二件，建物船舶三件，金钱二百二十一件，米谷十一件，物品九件，证券八件，选举事件二件，杂事三十九件，合计四百七十四件。又各区裁判所新旧受理合计十四万七千五百十七件，判决及其他之结果合计十三万一千八百九十二件，未决一万五千六百二十五件。警察则于东京置警察厅，警视总监受主务大臣之指挥，监督、管理东京府下之警察、消防及监狱事务。各府县置警察部，警部长隶于知事，处理各管内之警察事务。通警事厅并北海道厅、各府县警察署之数七百二十五，警察分署七百十五，派出所及交番所一千二百十九，驻在所一万一千三百二十五。警察官，则警察部以上二千二百十九人，巡查二万八千四百十六人，合计三万六百三十五人。每一警察官，当人口一千四百二十七人之均数。监狱，通东京及各地方之数凡百三十七。其职员，典狱五十六人，监狱书记五百二人，看守长二百九十人，监狱医二百四十六人，看守八千四百三十七人，女监取缔四百三十四人，押丁五百九十六人，教诲师二百十人，授业手三百八十八人，佣六百九十六人，合计一万一千八百五十五人。

日本警察大略

十四日　至西京市上观制陶器、织绸缎场。绸缎极佳，惜色杂，不合中土之用。赴商岛屋观绣画，购头数种。登清水寺，西京全境在目。日本之建都于斯也，由奈良迁此，距今千一百年。一切制度咸仿唐制，故有东洛、

日本地方行政制度

西镐之目焉。考日本地方制度，有府县设之区域，郡市及岛屿隶焉。府县为法人，受官之监督，于法律、命令范围之内，处理其公共事务，并依从来之法律、命令或旧惯，及将来之法律、敕令，处理其属于府县之事务。府县中置知事，在内务大臣指挥、监督之下，监督其所部之官吏，遇各省主务之事，则受各省大臣之指挥，执行法律、命令，管理其部内之行政事务。又设府县会以为自治之机关。其议员之选举区，依郡市之区域，府县之人口未满七十万者，议员以三十人为定额；七十万以上者、百万未满者，每加五万则增一人；百万以上，每加七万则增一人。又置府县参事会，以府县知事、府县高等官二名及名誉职参事会员组织之。名誉职参事会员，府八人，县六人，于府县会议员中选举之。府县之下有郡、市，郡之下有町村，市之下有区。郡、市、区、町村皆有长，有会议员，但市之下分设区者，惟东京、大坂、京都三市。各府县置知事、书记官、警部长、参事官、视学官、警视技师、典狱属等职员。北海道则置道厅长官、事务官、警部长、支厅长、参事官、视学官、警视技师、典狱等职员，处理其管内之行政焉。

（旁注：府县知事；府县会；府县参事会）

抵奈良

十五日　辰坐火车赴奈良。奈良为日本故都，多古寺，寺中收藏经典极夥，惜匆匆不及观。在菊水楼午饭。楼外即公花园，有鹿数百头，见人不避，极驯扰。饭后登车，酉刻至神户。众华商招饮于中华会馆，日本官商咸集，约六七十人，华商放烟火为乐。晚宿于诹访山西常盘

（旁注：抵神户）

28,8,15

楼，背山面海，时值仲秋，月光炤映海中，与绿波一色。子正始息。考日本教育之法，自维新以来，视兹事尤重。明治初年，于西京兴大学寮，凡旧幕府所有之学校，一律重修。江户镇定之后，复兴旧昌平黉、医学所及开成所，集四方之学者，置学官，设府县学校取调局、史料编辑国史校正局于昌平黉，置翻译局于开成所，复改昌平黉为大学校。然大学以下学制，各地风气不同，规制互异，于是始编制大中小学之规则。明治四年，废大学，置文部省，统辖全国教育之事，创建师范学校、女学校、书籍馆、博物馆。寻颁布学制，特下谕旨，指示教育之方，普及全国，彬彬乎学校如林矣。明治十年，建东京大学，设法、理、文、医四学部，是为教育一进步。至明治十九年，大设改革，颁帝国大学令，设帝国大学及大学院于东京，次设帝国大学于西京，依师范学校令，设高等师范学校于东京、广岛，置师范学校于各府县，置高学校于东京、仙台、西京、金泽、熊本、冈山、山口等处，设中学校及高等女学校于各府县，依小学校令，计划初等教育之事。于是商业学校、工业学校、农林学校、医学校、农学校、徒弟学校、实业补习学校、技艺学校、女学校，其他私立诸学校，自东京及各处，靡然向风矣。计现在学校之数，全国二万八千馀校，教员约八万四千人，教养学生约五百二十万人。各种小学约二万七千校，教员八万人，生徒四百九十万人。中学约二百校，教员二千六百人，生徒约六万四千人。师范学四十七校，教员八百人，生徒一万人。其

明治以来尤重教育

文部省

东京大学

颁帝国大学令

学校如林

他别有专门学校、各种学校、女学校，共计各学校每年经费约二千万元。学校之外，各府县又设立幼稚园，全国二百二十馀处。又设图书馆，自东京及各府县，共三十馀所，其图书数目约五千馀万册以上。图书之出版尤盛，每年平均约二万五千部。又新闻杂志，东京一处可出二百馀种，每年发兑在一亿七千万部以上。通计全国七百五十馀处，一年可发兑四亿三千万部。民智日开，盖由于此。

幼稚园

图书出版

抵大阪

十六日　辰刻，乘火车至大阪。大阪府代理知事、大阪市长均迎于车站，备有茶点，并令女学生插花于瓶，陈列客厅，猗靡扶疏，颇具意匠。盖此间工养花，专有教师指教大家闺秀，以为陶情养性之助。是日各女学生咸来见。少坐，赴住友铜厂。日本铜厂，以足尾、住友二家为最巨，凡有铜器，厂中无不制造。午刻，在自由亭午饭，府知事请各画家面写屏扇以赠。余观自由亭临江，不甚宽阔，知事告余曰："大阪商务为日本之冠，而海舶仅达神户，转输不便。现市民集金千六百万元，修筑马头。二年后，海舶亦可至此矣。"饭后，赴阅造币局。此局本造银元、铜钱，自改用金币后，现造金币，重与英镑同，银币只造五角以下。局规模阔大，办事秩然有条。每造一金币，须经数十道手，故所制精美，而伪造者无从肆其技也。酉初，赴大阪城。城中现驻第四师团陆军，有造军器厂。城为明时平秀吉所造，城墙以石砌成，其大者方四五丈。登城四望，全市在目，烟筒环列，密于丛木，可见制造厂之夥矣。酉正，返神户，设宴招地方各官饮。子正，

参观住友铜厂

造币局

大阪城

28,8,16

日本学校管理

登火车赴广岛，地方官咸送于车站。余阅日本学校“管理法问答”，喟然思我中国先王教人之法，其本在于端伦纪、修道德，而其操存持守之大要，不越乎言行之间。盖所以制品诣而淑性情者，实为士大夫之本务。今观日人所论学校管理之目的，与我古人教法，抑何其相近也。其言曰：“所谓学校管理之目的者何？一曰保其秩序，以补佐教授之功力；二曰训练意志，以养护品性之发达。以二者之轻重较之，以训练意志、养护品性之发达为重。何则？涵养德性，为教育上最要之事，与教育上之一切事情俱有关涉。故即据小学校言，其教育之旨趣，在修练儿童之心意，以保全其知识、道德，使他日离学校、进社会，各从其职业之时，能修其素行，励其实业，发扬尊王爱国之志气，成忠良之臣民。故发挥儿童自治之精神，与发达自制之能力，实为管理之要旨。然自治之精神与自制之能力，当循序渐进，始能获效。此章程一节，所以为学校中至要之件，使学校中之外情、内状果井然有条，则生徒之心身发达易，而进步亦速。惟既能自制其身，自规其行，而于饮食、空气之供给，运动、游息之适宜，亦不得不加之意焉。然后得养成其自制、自治之习惯，而使心力、体力俱为有用之物。”诚哉是言！教术之本原道德，备于斯矣。抑余又闻日皇之教其国民，尤兢兢以伦理为重。盖自明治二十三年以前，西学播传有风行草偃之象，人人惟以启发智识为急，而于德义之方，则与从来异其趣，或云国家主义，或云儒教主义，或云泰西主义，无道德一定之标准，

涵养德性最为重要

国民教育伦理为重

遂于德育之点缺如。日皇爰于二十三年十月颁诏，以定臣民之分，缘督人伦，俾父子、兄弟、夫妇、朋友各有所遵守，道德之基础遂坚。民间亦频论道德，或撰《男子品行论》，或撰《女德论》，如福泽谕吉之《修身要领》，足裨风教，而冈本监辅所著《铁鞭》、《西学探源》二书，尤为中正平实。余因喟然思我中国古者教人之法，务在端伦纪、修道德，今考东人教育之法，抑何其相近也。《论语》首章言学，次章即言孝弟，而以犯上作乱为戒。《孟子》首章言"未有仁而遗其亲，未有义而后其君"。道无古今中外，一也，学亦岂有古今中外之殊？有志之士，其谅余言。

抵广岛　十七日　辰正，至广岛，第五师团长山口中将率僚属并地方官迎于车站。余赴旅馆少息。午正，山口请观兵士操演，为西国待国宾最重之礼。操毕，山口设宴于司令部，席间起，祝以两国交际益望亲密。余以前年联军入城时，山口曾有保护京城宫殿之厚谊，因举盏答颂，谓："此次来游贵国，蒙大皇帝及各官格外优待，足征两国交际亲密之证，实为感谢。余来广岛，敬问山口将军起居，并谢前岁保护盛情。"颂既，举座皆拍手欢呼。饭毕，县

缩景园　知事江木导游缩景园。园为故侯浅野邸，仿西湖景，构造略缩小，故以名。戌刻，知事各官咸来旅馆同饭，江中放烟火以致敬，情意甚殷。余因捐金二百元，以为学校之费，藉酬各官接待之情。此地离宫岛甚近。宫岛为日本三景之一，地方官本请余宿宫岛，因有瘟疫，仍宿广岛。

28,8,17

日本外务省官制

案：日本外务省官制，据明治三十一年十月敕令，共十条：一、关于外国政务之施行，在外洋本国商事之保护，及外国在留本国臣民之相关事务，与派遣外交官及领事官等，俱归外务大臣整理、监督。二、于大臣官房已揭通则之外，而于驻在本国之各国外交官、领事官、外国人叙勋条约书保管及文书等翻译事务，俱由外务大臣掌管。三、外务省专任参事官二人，专任外务大臣秘书官二人，专任书记官五人，以为定员。四、外务省置二局，曰政务局、通商局。五、政务局专掌关于外交事务。六、通商局专掌关于通商、航海及移民事务。七、外务置翻译官四人，奏任，从事文书翻译。八、外务省属以六十人为定额。九、外务省置翻译官补六人，判任，皆承上官指挥，从事文书翻译及通译等事。十、外务省置技手二人，承上官指挥，从事电信事务。此为职掌大纲。至一切分课规程，及公文书类取扱规程、记录文书编纂规则，备极详审。其缔结通商、航海条约者二十一国，曰中国、亚美利加合众国、英吉利国、俄罗斯、和兰、佛兰西、葡萄牙、德意志、瑞士、比利时、意大利、丹麦、诺威、瑞典、西班牙、澳地利、匈牙利、秘露、韩、暹罗、墨西哥、伯剌西尔、公果。其中置设公使馆者，若中国、若英、若俄、若美、若佛、若德、若澳兼辖瑞士、若意、若和兰兼辖丹麦、若韩、若墨兼辖秘露、若暹罗、若伯剌西尔、若公果、若比利时。又领事馆所在之地，中国在上海、天津、厦门、芝罘、牛庄、汉口、苏州、杭州、沙市、重庆、福州，韩国

缔约之国二十三国（原文误）

在釜山、元山、仁川、京城、木浦、镇南浦、马山，英国在伦敦，英领地在香港、新加坡、孟买、喜德尼、通司威尔、希亚脱尔、晚香坡，暹罗在盘谷，美国在纽约、桑港、塔马科、希加科，美领地在马尼剌、呼饶路，而俄领地在哥尔萨港，佛国在里昂，比国在安威尔斯，墨国在墨西哥，伯国在里河逗堤牙奈路，计三十八所。此外尚有名誉领事馆二十七所，分馆五所，又于海参崴设贸易事务馆一所。

悬国旗为敬

十八日　辰刻，登火车赴马关。市民因余捐学校费，咸感动，各户皆悬国旗为敬。各学校生徒均出送，自旅馆至车站，约四五里，生徒排列不绝，见余车过，均脱帽鞠躬。各官亦均送至车站。车中思此次游历日本，朝野接待，情意优隆，倍越恒等，旅馆及车马费皆日皇发给，所糜甚巨，尤觉歉然，因与参赞陶大均商所以为报，陶谓可于各处学校、善举捐助若干，每处或三百或二百或一百数十元，视居日多寡为定，共以千五六百元为率。余韪其说，遂令与宫内省式部官西乡、日高两君商，两君大悦，

抵马关

谓此举足使吾全国永感不忘，当即电告各处。申正，至马关，山口县知事武田率合属出迎。将登舟，诸学校等处道谢复电已至，足见日人办事之速。酉正，登新裕轮船。余发日皇一电，深道感谢，兼告离国日期，并发外务部电一件，告知抵京日期。西乡、日高来告别，均有依依不舍之

日本铁路大略

谊。戌初，展轮出马关口。按：日本铁路创设于明治三年，始兴造于东京、横滨之间，长十八英里，至明治五年

28,8,18

告成。其后陆续修造，有东海道，信越、奥羽、北陆、北海道等线。又民间私设铁道公司，凡重要之处，无不遍设。计现今铁道厅及私设铁道公司共五十八，线路百馀，延长五千九百六十英里，开行约三千七百英里，铁路资本已至二亿六千七百万元，每日由铁道运货、搭货，殷轸不绝。据明治三十二年铁道乘客总数，得一亿二百二十六万人，物货数量约一千二百万吨。此为乘客、货物，至货金约在三千八百万元以上。每日均平计算，由铁道往来旅客二十八万人，货物由铁道运送者三万二千八百万吨，可收进款十万五千元，亦可知交通运输之利溥矣。（铁路运输发达）

十九日　舟行平。考日本矿政，全国矿山，所在多有，近仿西法开采，出产日增，矿业遂骤旺。现今已开之地有五千三百处，矿区面积共五亿坪，矿产之数可得四千万元。故政府于札幌、盛冈、东京、大阪、福冈五矿山，特设监督署综其事。稽其所产：一曰铜。日本本为世界产铜之国，最近出产数目得三千一百万斤，占全球铜产十二分之一。考明治八年仅出四百万斤，今已增至三千五百万斤。国中产铜之区，一足尾，得九百二十万斤；次阿仁，得六百五十万斤；三别子，六百万斤。以上三处，占全额之七。其日向、五木等处，则远不逮矣。二曰铁。世人皆以日本无铁，此说考之未审。盖日本地质原极精密，故铁矿实甚富有。岩崎县釜石铁矿，可出四百二十一万吨之铣铁，加以近旁仙人冈有一大磁铁矿床，以是制铣，可得二百二十三万吨，故釜石近傍有六百五十万吨。此外别处考

日本矿政

稽其所产一曰铜

二曰铁

三曰煤

查，约可产九百四十万吨之铣铁。三曰煤。煤为日本矿产之第一，最近产额得六百七十万吨，其价二千五百馀万元。嗣后产额，尚可增多。考明治八年仅得五十七万吨，不过现今十二分之一。十六年始有一百万吨，二十一年有二百万吨，近则又加二倍有馀。其消数国中每日需用一万二千吨，每年需用四百三十六万吨。于此足征工业之盛，然较诸英国，则已瞠乎居后。查英国每年产煤共二亿二百万吨，用煤共一亿六千五百万吨，每一日计消四十五万吨。是日本一年消数，尚不及英国十日之额。然而日人于矿政一事，物图而授，惨淡经营，其进步殆未可限量也。

日本农业大略

二十日　过登州境，风波大作。余向不晕浪，至此亦不能支，卧少顷。考日本农业，颇知本事。全国农民现约二千二百万人。地适米谷，故自古称瑞穗国，每年出米可售四亿六千八百万元，麦可售一亿八千八百万元，粟可售一千六百八十万元，大豆可售四千六百万元，小豆可售七百七十万元，荞麦可出九百万元，黍可出一百五十万元，

农作物产值

稗可出三百六十万元，甘薯可出四千九百万元，马铃薯可出三千三百万元，甘蔗可出一千二百八十万元，茶二千三百万元，烟草可出四百五十万元，合计地产共有八亿六千

蚕茧为出口货第一

三百九十万元。又其土性宜桑，故蚕业茧为第一，运赴外国生丝，近年约二百万石。明治三十年售价五千五百六十万元，三十一年售价四千二百七十万元，三十二年售价五千九百七十万元，三十三年售价四千四百七十万元，是为日本出口货第一。绵每年出产约七百五十万贯，每贯重合

28,8,20

绵类为进口货第一

物产总值

八两，而人民需用甚夥，不及十分之一。且进口绵价甚廉，故产额日减而进口日增。明治三十三年，约有六千万元。此外，绵丝、绵线之进口者约一千七百万元。绵类进口约共七千七百万元之多，每人约需一元八角，是为进口货之第一。麻每年出产三百六十万贯，不足于用，故每年由中国、印度、比律宾进口者约百三四十万元。漆为中国特产，而日本漆尤良美，市中陈列漆器，靡不精致适观。考其漆汁收获之额，总计木数五百二十七万一千一百十四本，制造户数一千七百二十三家，每年汁量可得四万贯，尚不足用，故由中国进口漆汁，岁需五十万元。合计日本各种物产，可得一亿五千七百七十万元，加食用农产，共约十亿二千七十万元。以人口分配，每人可得二十三元八角。

抵大沽口

日本政府维持商务

商业会议

银行

公司

二十一日　风仍不息，舟行甚缓，亥正始抵大沽口。考日本政府维持商务甚力，其言曰："商业应人之需用，为供给者与需用者之媒介也。今之时势，实当商业变革，所谓商业界之彗星年也。"兹特轩言其机关事状，盖有数端：一曰商业会议，所以谋商业之兴旺，多于商业繁夥街市设立之。其会员由其地绅商充当，通计全国五十六处，会员约一千七百人。二曰银行，以握通融之枢纽。中央金库有日本银行，外国汇兑有横滨正金银行，资助实业有劝业银行。预金贷付，如泉之流。计全国银行共有一千八百所，银行资本共二亿六千馀万元。三曰公司，以摄商力之萃聚。日本全国有七千余公司，皆为农业、工业、商业、水陆运输起见，合资而成，计资本共六亿二千万元。其中最多者为大阪，有六百五十公司，资本一亿二千万元。东京五百四十公司，资本三亿八百万元。其他府县各处公司资本无一亿元以上者，计神户六千万元，福冈五千五百万元，京都三千五百万元。爱知、三重、冈山、静冈、千叶、奈良等各府县公司，则均在一千万元以上。至国中所设外国贸易之开港场，以横滨、神户、大阪、长崎、函馆五港为大，其他处曰新泻、曰清水、曰武丰、曰四日市、曰丝崎、曰下关、曰门司、曰博多、曰唐津、曰口津、曰三角、曰岩原、曰鹿见、曰佐须奈、曰那霸、曰滨田、曰境、曰宫津、曰敦贺、曰七尾、曰伏木、曰室兰、曰小樽、曰钏路，共二十四港。比较其历年输出、输入品价之额，每年总有超过之数也。（港口）

二十二日　因水浅，新裕船不能进口，余易坐小轮进塘沽口。考日本海运事业，其初轮舶亦购自外洋，驾驶一切亦均依赖洋人。（日本海运事业大略）其后有土佐人岩崎弥太郎，向外国购得旧船，创立汽船公司于东京，名曰邮便汽船三菱会社，始在本国沿海定期往来，专掌本国航海之权。（三菱会社）此为轮船商会之权舆。继而东京起合本汽船公司，名曰共同运输会社，与三菱会社并峙，争相颉颃。至明治十八年十月，两社相合，创立日本邮船会社。又专为航通濑户内海起见，于明治十八年五月，大阪复兴商船公司开定期航海之业。于是东京、大阪为二大轮船公司，实为日本航海业之基础。（航海业之基础）此二公司之消长，即日本航海业消长也。日本邮船会社资本

28,8,22

金实二千二百万元，设本店于东京，设分店于内外各地，共七十处，共计汽船有百馀艘，吨数约二十万吨，马力有一万五千馀，往来内地者有定期，赴外国者，往来天津每七日一次，往来朝鲜、海参崴每七日一次，往来欧洲经上海至伦敦每月一次，往来美国每月一次，往来濠洲每月一次。至大阪商船公司，资本金实五百五十万元，轮船约八十艘，置本店于大阪，纯然私立公司，专握关西沿岸之航权，近浸至中国、朝鲜各海口矣。统考日本现在全国轮船，共有一千二百二十一艘，吨数五十一万馀吨，又洋式帆船三千三百馀艘，吨数约三十万吨，合计共四千五百艘，吨数约八十万吨。 日本轮船数

二十三日　乘火车回京，径赴颐和园，祗候覆命。

二十四日　巳刻覆命，恭请圣安，仰蒙召对数刻之久，温谕慰问，至于再三。感激慈恩，眷怀圣德，实无涯涘。伏念载振此次奉使，仰秉宸谟，得无陨越，借慰庭闱期望之思，兼洽槃敦周旋之雅，私衷感悚，弥觉执简钦钦而不能自已也。 返京覆命

载振英轺日记

人名索引

四画

五画

六画

七画

八画

九画

十画

十一画

十二画

十三画

十四画

十八画

载振英轺日记

译名简释

三画

三藩息司戈

San Francisco，旧金山

义大利

今译作“意大利”

也鲁铁塔

Eiffel Tower，埃菲尔铁塔

飞立宾

Philippines，今译作“菲律宾”

马尼剌

今译作“马尼拉”

四画

不尔奔朝

Bourbon，波旁王朝

比律宾

Philippines，菲律宾

毛阿尼曳(红十字会创始人)

Gustave Meynier，古斯塔·莫瓦尼埃

公果

Congo，刚果

计罗喀啦么

kilogram，千克，公斤

巴黎斯

今译作“巴黎”

五画

刊地亚岛

Crete,克里特岛

札发

雅法(叙利亚)

可么邻角

Comorin, C. 科摩林角

卡逊城

Carson City,卡森城(美国)

北蓝大日奈朝

Plantagenet,安茹王朝(金雀花王朝)

瓜斯得利加

Costa Rica,哥斯达黎加

印第阿那邦

今译作"印第安纳州"

加北珍朝

今译作"卡佩王朝"

加非

今译作"咖啡"

加鲁令朝

今译作"加罗林朝"

六画

亚贝

阿布维尔(法国)

亚克尔城

阿克尔城

亚的兰达

Atlanta,亚特兰大

亚美利加合众国

America,美国

亚眠

今译作"阿棉"(法国)

亚勒散德

今译作"亚历山大"

达米斯河

Thames river,泰晤士河

迈当

metre,米

伊利挪邦

Illinois,伊利诺伊州

米悉悉皮河(米西息皮河)

Mississippi River,密西西比河

米儗斯忒

minister,部长,大臣

安拿波里斯

Annapolis,安那波利斯(马里兰州首府)

那伊听牙儿

Nightingale,南丁格尔

那破利

Naples,那不勒斯

七画

玛撒初色
Massachusetts,马萨诸塞

玛踏
Malta,马耳他

劳尔德士
Lords,上议院

克仑比亚
Columbia,哥伦比亚

苏泊外色
Supervisor,镇长,管理者

苏彝士
Suez,苏伊士

坎拿大
Canada,加拿大

孛仑瑞克朝
汉诺威王朝

里治门
Richmond,里士满

邱里吗也之战
Crimean War,克里米亚战争

伯钦恩帕尔士宫
Buckingham Palace,白金汉宫

佛兰西
France,法兰西

佛朗
Franc,法郎

希加科
Chicago,芝加哥

辛辛那地
Cincinnati,辛辛那提

补罗义
Boulogne,(法国)布洛涅

阿丁
Aden,亚丁

阿不其海湾
阿布基尔海湾

阿尔兰
Ireland,爱尔兰

阿克司弗大学堂/阿司茀大学堂
Oxford,牛津大学

阿里里柔南
Jean Henri Dunant,亨利杜南(红十字会之父)

阿里散得力亚
亚历山大里亚

阿剌伯
Arab,阿拉伯

阿哄
阿訇

阿特善粒尔

水师提督(海军司令?)

阿勒伯

Alps,阿尔卑斯山

阿勒散得

亚历山大

纽罕西耳邦

New Hampshire,新罕布什尔州

八画

昔地

city,城市,市镇

欧亥欧邦

Ohio,俄亥俄州

和兰

Holland,荷兰

罗恩河

Rhone river,罗纳河(法国)

委士盘(国家武备学校)

West Point,西点军校

委苏维俄

Vesuvius,维苏威

依利萨伯

Elizabeth,伊丽莎白

的仍

Dijon,(法国)第戎

肥司来

Viceroy,总督

波吐立哥

Puerto Rico,波多黎各

波梯么

Baltimore,巴尔的摩

诗卡各

Chicago,芝加哥(?)

细细利岛

Sicily,西西里岛

九画

南加路邻那省

South carolina,南卡罗来纳州

威勒士

Welsh,威尔士

显理

Henry,亨利

美尔

mayor,市长,镇长

美利兰省

Maryland,马里兰州

养气

今译作"氧气"

洎乃粒尔

general,将军,陆军司令(?)

十画

都华

Dover,(英)多佛尔

莫至靠

Moscow,莫斯科

格仑埠/格仑坡

Colombo,科伦坡

索谋里兰

Somalia,索马里

夏威仁

Hawaii,夏威夷

热诺法

Genoa,热那亚

挨得纳

Etna,埃特纳(意大利火山)

特兰斯发尔

Transvaal,德兰士瓦尔

特尼西邦

Tennessee,田纳西州

特里

Delhi,德里(印度城市)

秘鲁

Peru,秘鲁

爱司福忒学堂

Oxford,牛津大学

爱惠

爱德华

高门士

Commons,下议院

诺尔曼朝

诺曼底王朝

诺威/脑/脑国

Norway,挪威

陶

town,市,镇

桑港

旧金山

十一画

基罗迈当

kilometer,公里,千米

基罗各拉么

kilogram,公斤,千克

萨索尼朝

威塞克斯王朝

推罗

Cairo,开罗

晚香坡

Vancouver,温哥华

偏斯伟那邦

Pennsylvania,宾夕法尼亚州

得律风/德律风

Telephone,电话

盘谷

Bangkok,曼谷

悉毕尔

Siberia,西伯利亚

麻喇甲

Malacca,马六甲

康地

county,县,郡

维廉

威廉

十二画

博庆汉宫

Buckingham Palace,白金汉宫

博閭赛

Brussels,布鲁塞尔

喜德尼

Sydney,悉尼

斯丢亚尔的

Stewart,斯图亚特

散鲁伊斯

St. Louis,圣路易斯

惹迷斯第一

詹姆斯第一

森丁

Centime,生丁(法币单位)

翘耳治

George,乔治

斐尼西

腓尼基

斐真伊亚

Virginia,弗吉尼亚

奥士登

Ostend,奥斯坦德

腊丁文

拉丁文

鲁伊西阿那邦

Louisiana,路易斯安那州

温则行宫

温莎宫

谟罕蓦德

穆罕默德

谦不吏去学堂

Cambridge,剑桥大学

骚尔弗里诺

苏法利诺(意大利小镇)

十三画

蒲萄牙

Portugal，今译作“葡萄牙”

新嘉坡

新加坡

意德华

爱德华

塞门德土（塞门土）

cement，水泥

十四画

赫连海岛

Saint Helena，圣赫勒拿岛

辣丁

Latin，今译作“拉丁”

竭律天第九王

Christian IX，克里斯蒂安九世（丹麦）

十五画

墨罗郊朝

Merovingian，墨洛温王朝

黎将军

Robert Edward Lee，李将军

十六画

默西纳

Messina，墨西拿（意大利城市）

走向世界丛书一百种

初编三十五种以＊标出

谢清高 海录（附三种）
＊ 容　闳 西学东渐记
＊ 林　鍼 西海纪游草
＊ 罗　森 日本日记
＊ 斌　椿 乘槎笔记
＊ 张德彝 航海述奇
＊ 王　韬 漫游随录
＊ 志　刚 初使泰西记
＊ 张德彝 再述奇（欧美环游记）
＊ 张德彝 三述奇（随使法国记）
王　芝 海客日谈
＊ 祁兆熙 游美洲日记
＊ 李　圭 环游地球新录
＊ 郭嵩焘 伦敦与巴黎日记
＊ 张德彝 四述奇（随使英俄记）
＊ 黎庶昌 西洋杂志
＊ 刘锡鸿 英轺私记
李凤苞 使德日记
钱德培 欧游随笔
＊ 何如璋 使东述略及杂咏
＊ 张斯桂 使东诗录
黄遵宪 日本国志
＊ 黄遵宪 日本杂事诗〔广注〕
陈兰彬 使美纪略
＊ 曾纪泽 出使英法俄国日记
＊ 王　韬 扶桑游记
＊ 徐建寅 欧游杂录
谭乾初 古巴杂记
王之春 谈瀛录
＊ 李筱圃 日本纪游
池仲佑 西行日记
蔡　钧 出洋琐记
袁祖志 瀛海采问纪实
张祖翼 伦敦竹枝词
王以宣 法京纪事诗
潘飞声 西海纪行卷
潘飞声 柏林竹枝词
潘飞声 天外归槎录
张荫桓 三洲日记
邹代钧 西征纪程
王咏霓 道西斋日记
张元济 环游谈荟
余思诒 楼船日记
缪祐孙 俄游汇编
张德彝 五述奇
＊ 傅云龙 游历日本图经馀纪
傅云龙 游历美加等国图经馀纪
洪　勋 游历闻见录
崔国因 出使美日秘国日记
＊ 薛福成 出使英法义比四国日记
＊ 薛福成 出使日记续刻
陈道华 日京竹枝词

严　修 **东游日记**
姚鹏图 **扶桑百八吟**
凤　凌 **游馀仅志**
* 黄庆澄 **东游日记**
吴宗濂 **随轺笔记**
宋育仁 **泰西各国采风记**
王之春 **使俄草**
伍廷芳 **美国视察记**
* 蔡尔康等 **李鸿章历聘欧美记**
张德彝 **六述奇**（附 七述奇未成稿）
刘学询 **考察商务日记**
黄　璟 **考察农务日记**
罗振玉 **扶桑两月记**
罗振玉 **扶桑再游记**
丁鸿臣 **东瀛阅操日记**
沈翊清 **东游日记**
* 梁启超 **新大陆游记**
张德彝 **八述奇**
载　振 **英轺日记**
吴汝纶 **东游丛录**
双　寿 **东瀛小识**
缪荃孙 **日游汇编**
周学熙 **东游日记**
* 单士厘 **癸卯旅行记**
凌文渊 **籥盦东游日记**
张　謇 **癸卯东游日记**
蒋　煦 **西游日记**
王景禧 **日游笔记**
陈　琪 **环游日记**
* 康有为 **意大利游记**
康有为 **德意志等国游记**
康有为 **英国游记**
* 康有为 **法兰西游记**
韩国钧 **实业界之九十日**
李濬之 **东隅琐记**
盛宣怀 **愚斋东游日记**
* 戴鸿慈 **出使九国日记**
金　鼎 **随同考察政治笔记**
* 载　泽 **考察政治日记**
程　淯 **丙午日本游记**
康有为 **西班牙等国游记**
杨泰阶 **东游日记**
文　恺 **东游日记**
左湘钟 **东游日记**
吕珮芬 **东瀛参观学校记**
* 林汝耀 **苏格兰游学指南**
* 单士厘 **归潜记**
金绍城 **十八国游记**
附 艾儒略 **职方外纪**
附 南怀仁 **坤舆图说**
附 丁韪良 **西学考略**
附 艾约瑟 **西学启蒙**

图书在版编目(CIP)数据

英轺日记/载振著;吴仰湘校点.—长沙:岳麓书社,2016.12

(走向世界丛书/钟叔河主编)

ISBN 978-7-5538-0642-6

Ⅰ.①英...　Ⅱ.①载...②吴...　Ⅲ.①中英关系—国际关系史—史料—清代　Ⅳ.①D829.561

中国版本图书馆 CIP 数据核字(2016)第 178609 号

YINGYAO RIJI

英轺日记

作　　者:载　振

校 点 者:吴仰湘

责任编辑:杨云辉

责任校对:舒　舍

封面设计:吴颖辉　贺红梅

岳麓书社出版发行

地址:湖南省长沙市爱民路 47 号

直销电话:0731—88804152　88885616

邮编:410006

岳麓书社网址:www.yueluhistory.com

2016 年 12 月第 1 版第 1 次印刷

开本:890×1240　1/32

印张:9

字数:200 千字

印数:1—3 000

ISBN 978-7-5538-0642-6

定价:45.00 元

承印:长沙超峰印刷有限公司

如有印装质量问题,请与本社印务部联系

电话:0731—88884129